百萬願力

百萬願力
백만원력—한 송이 꽃을 발원하며

1판1쇄 발행	2020년 5월 30일
개정판1쇄 발행	2020년 8월 21일

지은이	원행 스님
발행인	정지현
편집인	박주혜

대표	남배현
기획	모지희
책임편집	박석동
마케팅	조동규, 김관영, 조용, 김지현
표지디자인	끄레디자인
본문디자인	동경작업실

펴낸곳	(주)조계종출판사
주소	서울시 종로구 삼봉로 81 두산위브파빌리온 232호
전화	02-720-6107~9
전송	02-733-6708
등록	2007년 4월 27일 (제2007-000078호)
구입문의	불교전문서점(www.jbbook.co.kr) 02-2031-2070~1

ISBN	979-11-5580-142-0 (03220)

글 ⓒ 2020, 원행
사진 ⓒ 2020, 대한불교조계종 총무원

이 도서의 국립중앙도서관 출판예정도서목록(CIP)은
서지정보유통지원시스템 홈페이지(http://seoji.nl.go.kr)와
국가자료공동목록시스템(http://www.nl.go.kr/kolisnet)에서
이용하실 수 있습니다.(CIP제어번호: CIP2020033986)

조계종
출판사 │ 지혜와 자비의 눈으로 세상을 바라봅니다.

백만원력

한 송이 꽃을 발원하며

百萬願力

원행 지음

조계종
출판사

땅에서 넘어진 자

땅을 짚고 일어서라

2018년 11월 13일 대한불교조계종 총본산 조계사에서 제36대 총무원장 취임 법회를 봉행하다.

2018년 11월 24일 열린 7대 종교 문화축제에서 상생과 화합을 기원하다.

완벽한 세상이 어디일까?
지금 숨쉬며 살아가는 곳이다.

2018년 10월 18일 조계사 대웅전 앞에서 열린 어린이 미술큰잔치에 동참한 어린이들을 격려하다.

우공이산의 발원

'우공이산愚公移山'이란 말이 있습니다. 중국의 고전인 《열자列子》의 〈탕문湯問〉 편에 나오는 말로 어리석은 사람이 산을 옮긴다는 고사입니다. 지극하고도 우직하게 한 우물을 파는 사람은 결국 큰 성과를 이루고야 만다는 의미입니다. 이 말이 나온 지 이천 년의 세월이 흘렀음에도 잊히지 않고 오늘날의 사람들에게도 회자되는 까닭은 결코 틀린 말이 아니기 때문일 것입니다.

세상을 바꿔나가는 것은, 머리 잘 돌아가고 이치에 밝은 사람보다는, 세상을 향한 큰 원력으로, 누가 보든 보지 않든, 포기하지 않고, 끝까지 실행하는 사람입니다. 어리석을 만큼 우직하고 지극한 사람들이 결국에는 세상을 바꿀 것입니다.

우공愚公은 결국 혜공慧公입니다. 백만원력결집百萬願力結集의 발원 또한 이와 같습니다. 바른 원력을 발원하는 백만 명의 불자들이 함께 나눔을 실천하고, 백년대계를 세워 실행해 나간다면, 한국불교 중흥은 이뤄질 것이며, 더 나아가 사바세계를 불국토로 장엄해 나갈 것입니다.

백만원력결집, 백만 송이 서원의 꽃은 우리 사회의 절망과 고통을, 희망과 행복으로 바꾸어 나갈 것이며, 그 꽃은 결국 세계로 퍼져 나가 세계일화世界一花를 피워낼 것입니다.

대한불교조계종 총무원장으로서 백만원력결집의 한송이 꽃을 발원하며 펴낸《백만원력百萬願力》은 부처님과 성현들의 가르침을 접하면서 틈틈이 노트에 적어두었던 내용들입니다. 저만의 노트였는데, 여러분들께 내

어놓으려니 부끄러움이 앞섭니다.

'우공이산'의 마음으로 백만원력결집 불사를 불자님들과 나누고 싶어서 책으로 출간합니다. 우리 모두는 인연의 고리로 연결되어 있습니다. 여러분과 만나는 이 인연이 백만원력결집 동참 인연으로 이어지기를 간절히 발원합니다. 행복한 세상을 향한 아름다운 꽃 한 송이를 함께 피워나갑시다. 고맙습니다.

> 회주의 소가 벼 이삭을 먹었는데
> 익주의 말이 배탈이 났네
> 천하 명의를 찾아갔더니
> 돼지 왼쪽 허벅지에 뜸을 뜨더라
> 懷州牛喫禾 益州馬腹脹
> 天下覓醫人 灸猪左膊上

2020년 부처님오신날을 맞이하며
원행

차
례

2019년 11월 17일 파키스탄 라호르 박물관에서 부처님 고행상에 예경하다.

근기도 둔한 놈을 유난히 아껴
끝없이 타이르고 또 이끄셨기에
겨우 초발심자경문이나 읽던 제가
마침내 이렇게 후학이 되었네요
교화의 바람에 우담바라 꽃이 피고
법의 비에 도의 싹이 새로 돋아
덕분에 알았답니다, 밝은 거울은
원래 때가 타지 않는다는 것을

偏憐根器鈍　提誨又頻頻
始讀初心者　終爲後學人
敎風曇藥發　法雨道芽新
自此知明鏡　元來不惹塵

스승의
무거운 은혜

조선 후기 묘향산과 구월산에서 널리 교화를 폈던 허
정법종虛靜法宗(1670~1733) 스님의 시 〈삼가 설암화상의
운을 따라(敬次雪巖和尙韻)〉입니다. 법종 스님은 월저도
안月渚道安대사께 참학하고, 재차 그분의 수제자인 설암
추봉雪庵秋鵬대사를 찾아가 수학하고 의발을 전수받은
분입니다.

　스승이 선창한 노래에 제자가 운율에 맞춰 멋들어지
게 화답했으니, 아름다운 풍경이 절로 그려지는 시입니
다. 부모님의 깊은 은혜를 제대로 아는 자식이 흔치 않
듯 세상에는 스승의 무거운 은혜를 아는 제자 또한 흔
치 않습니다. 법종 스님은 스승의 지극한 정성과 시의

적절한 깨우침의 은혜를 아는 드문 제자였습니다. 이런 제자를 둔 설암 스님은 뿌듯하고 자랑스러웠을 겁니다.

홀로 이룰 수 있는 것은 세상에 아무것도 없습니다. 아무리 사소한 것이라 해도 지금 나에게 주어진 것은 언젠가 누군가의 도움으로 이뤄진 것입니다. 물질이 되었건 정신이 되었건, 누군가가 베풀어주고 도와주고 양보해주었기 때문에 지금의 내가 있는 것입니다. 그래서 불가에서는 부모님과 스승과 국가와 시주, 이 네 가지 은혜를 잊어서는 안 된다고 항상 가르칩니다.

나를 낳아주신 분은 부모님이지만 나를 성장시킨 분은 스승이라 하였으니, 부모님 못지않게 깊고 무거운 은혜가 스승의 은혜가 아닌가 싶습니다. 형산荊山의 옥도 다듬지 않으면 자갈돌에 지나지 않습니다. 훌륭한 자질을 타고난 사람이 제대로 이끌어줄 스승을 만나지 못해 한갓 범부로 살다 생을 마감하는 안타까운 일도 많습니다. 그러니 어찌 스승의 은혜를 가볍다 할 수 있겠습니까?

한 걸음 한 걸음 옮겨야만 오를 수 있는 것이 산이듯, 무언가를 성취하기 위해서는 반드시 인내와 노력이 필요합니다. 이는 배우고 익히는 과정에 있는 학생에게만 필요한 덕목이 아닙니다. 스승 역시 인내와 노력이 없어서는 안 됩니다. 왜냐하면 서투른 사람을 능숙한 사람으로, 무지한 사람을 지혜로운 사람으로, 거친 사람을 단정한 사람으로 이끈다는 것은 실로 지난한 과정의 연속이기 때문입니다.

불가에서는 스승이 제자를 이끄는 과정을 알의 부화에 비유하여 설명하곤 합니다. 어미 새는 밤낮없이 정성을 들여 알을 품습니다. 새끼가 완전히 성숙해 알속에서 쪼르륵 쪼르륵 소리를 내면 그때 어미 새가 알을 탁! 쪼아서 새끼가 껍질을 뚫고나올 수 있게 돕습니다. 이를 '줄탁동시啐啄同時'라 합니다. 만약 새끼가 완전히 성숙하기 전에 어미 새가 성급히 알을 쪼거나 또 새끼가 완전히 성숙했는데도 어미 새가 방일하여 알을 쪼아주지 않으면 새끼는 살지 못할 것입니다.

훌륭한 자질을 갖춘 제자가 훌륭한 지혜와 솜씨를 가진 스승을 만나 아름다운 사람으로 성장하는 일은 번데기에서 나비가 나오고 알에서 새가 나오는 것만큼이나 신비롭고, 삼천 년에 한 번 필까 말까한 우담바라 꽃이 세상에 나타나는 것만큼이나 희유한 일입니다. 지구촌의 한 생명 한 생명 모두의 탄생 역시 수십억 경쟁을 뚫고 이 땅에 현신한 희유한 일이 아닐 수 없습니다.

사람을 만들어낸다는 것, 교육이란 아름다운 창조의 과정입니다. 그러나 요즘의 세태를 돌아보면 교육이 지식을 전달하고 습득하는 행위에 그치는 것만 같아 안타까움을 금할 수 없습니다. 포기하지 않고 참고 기다리면서 때때로 보듬고 때때로 일깨우신 그 옛날의 스승들, 그 은혜의 지중함을 알기에 그림자조차 밟지 않으려고 삼갔던 그 옛날의 제자들, 그런 스승과 제자들의 아름다운 인연과 풍경이 이 땅에 다시 펼쳐진다면 얼마나 좋을까요.

스승과 제자의 아름다운 인연 이야기는 입에서 입으로 이어지고 글로 기록되어 이어졌습니다.

어느 은사 스님은 제자가 열이 나자 두메산골 절에서부터 읍내 병원까지 업고 뛰었다고 합니다. 어느 은사스님은 제자가 공부를 하고 싶어 하자 동네 마을에 내려가 허드렛일을 하고 그 품삯을 모아 제자를 후원했다고 합니다. 이런 사정을 몰랐던 마을 사람들은 그 스님을 '동네 부목'으로 불렀다고 합니다. 또 어느 은사 스님은 멀리 천축국 순례길에 나서는 제자의 보시금을 마련하려고 동네로 내려가 석 달 열흘 동안 밭일을 하셨다고 합니다. 그 옛날 없고 배고픈 시절, 은사스님에게 제자는 그 어떤 것과도 바꾸지 않을 지중한 인연이었습니다. 그러한 인연은 지금도 여전합니다. 부처님 종가에 전하는 스승과 제자 사이의 돈독한 사랑은 아마지구상에 남아있는 가장 아름다운 풍경이 아닐까 싶습니다.

저 역시 마찬가지입니다. 스승이신 월주대종사의 지중한 보살핌이 아니었다면 지금의 저는 결코 이 자리에없었을 것입니다. 철모를 어린 시절부터 지금 이 순간까지도 은사스님은 늘 저에게 지남指南이셨습니다. 그래서 종단의 여러 소임을 살면서 곤란한 일이 있을 때면늘 은사스님을 찾아뵙곤 하였습니다. 그럴 때마다 은사스님께서는 원력이 탄탄하지 못한 제자에게 격려와 응원을 아끼지 않으셨고, 부족한 지혜를 탓하지 않으시며당신의 지혜를 어시발우에 담아 양껏 퍼주셨으며, 용기를 내지 못해 어물쩍 물러선 제자의 등을 힘껏 떠밀어주시기도 하셨습니다. 그런 스승의 가르침을 어찌 배우지 않을 수 있고, 따르지 않을 수 있겠습니까? 그저 그가르침을 온전히 실천하지 못하는 저의 부족함이 부끄러울 따름입니다.

돌에 앉아 견고함 배우고

물에서는 맑음을 배우며

소나무 보며 곧음을 생각하고

달 보며 밝음을 생각하네

말 없는 삼라만상이

모두 스승과 벗이 되리니

산속에 홀로 살아도

주인과 벗이 갖춰진다네

坐石學堅水學淸 對松思直月思明

無言萬像皆師友 唯獨山林主伴成

물 같이
바람 같이

조선시대 환성지안喚醒志安(1664~1729) 스님의 〈배우는 이들에게(示學徒)〉라는 시입니다. 어린 시절, 집안 어르신의 장례를 치르면서 관을 덮은 붉은 비단에 '학생學生'이란 단어가 쓰인 것을 보고 의아했던 기억이 납니다.

'어르신께서는 분명 학교에 다니다가 사망하신 것이 아닌데, 왜 학생이라는 호칭을 첫머리에 붙였을까?'

그 어르신은 중학생도 고등학생도 아니고 천수를 누리셨기 때문입니다. 그 '학생'이란 호칭이 관직에 나아가지 못했지만 평생 배우며 살다 가신 분을 뜻하는 단어임을 알게 된 것은 한참 후의 일입니다. 그때부터 저는 '학생'이란 단어가 참 좋았습니다. 그래서 자주 그 단어

를 떠올리며 '나도 배우는 사람, 배우려는 사람, 죽는
날까지 배움의 자세를 잃지 않는 그런 사람이 되어야
겠다' 다짐하곤 했습니다.

배우려는 자세로 사람을 대하면 생각이 절로 정성스
러워지고 말이 절로 부드러워지고 행동이 절로 공손해
지곤 합니다. 학생의 자세, 항상 배우겠다는 태도는 저
의 삶을 풍요롭게 했을 뿐만 아니라 다양한 사람들과 유
기적 관계를 맺는 데도 큰 도움이 되었다고 생각합니다.

제가 이런 태도를 유지하려고 노력하는 까닭은 사람
들에게 겸손하게 보이기 위해서가 아닙니다. 진실로 겸
손하지 않을 수 없기 때문입니다. 이 세상에 완벽한 사
람이 어디 있겠습니까? 어느 한구석이 빼어나면 어느
한구석은 허술한 게 사람입니다. 그러니 특정 기준에서
조금 뒤처진다고 해서 모든 면이 부족한 사람인 것도 아
니고, 특정 분야에서 뛰어난 기량을 발휘했다고 해서 모
든 면이 훌륭한 사람인 것도 아닙니다. 평가의 기준이
사람마다 제각각이고 또 상황에 따라 언제든 변할 수
있기 때문입니다. 그래서 공자님도 "세 사람이 길을 가
면, 그 가운데 반드시 나의 스승이 있다"고 하셨습니다.

내가 가진 잣대로 나의 장점과 타인의 단점을 논하

는 것을 '옳다' 여긴다면, 그가 가진 잣대로 그의 장점과 나의 단점을 논하는 것을 어찌 '그르다' 할 수 있겠습니까. 그리 긴 세월을 살았다고 자부할 수도 없고, 이일 저일 다 겪었노라며 초연할 수도 없는 어중간한 나이지만, 이만큼이나마 세상을 살고 보니 '세상에 나만 못한 이가 누가 있을까' 싶습니다. 그러니 어찌 배우려 애쓰지 않을 수 있겠습니까?

그렇다면 스승은 과연 누구이고, 또 어디에 계실까요? 부처님의 주치의였던 지와카에게 얽힌 재미난 이야기가 있습니다.

지와카가 어릴 때 약초의 달인인 유명한 의사 문하에서 수학했답니다. 그 의사는 제자들에게 갖가지 약초의 이름과 생김새, 특징과 효능을 가르쳐주면서 틈틈이 채취해오도록 시켰습니다. 동문들과 함께 처음 약초를 캐러 나선 지와카는 빈손으로 돌아왔답니다. 그러자 스승이 물었습니다.

"다른 사람들은 약초를 캐어왔는데, 너는 왜 약초를 캐어오지 않았느냐?"

"무엇이 약초인지 모르겠습니다."

하지만 머리가 영특했던 지와카는 스승의 가르침을

빨리 습득했고, 곧 누구보다 많은 약초를 채취해오는 제자가 되었습니다. 그러던 어느 날 동문들과 함께 약초를 캐러 나간 지와카가 또 빈손으로 돌아왔습니다. 이상하게 여긴 스승이 지와카에게 물었습니다.

"너는 왜 빈손이냐?"

"약초 아닌 것이 없는데, 어떻게 다 뜯어올 수 있겠습니까!"

세상에 잡초는 없습니다. 다만 내 눈이 어두울 뿐입니다. 마찬가지로 배우려 마음먹으면 모두가 스승이고, 스승은 어디에나 있습니다. 어디 사람뿐이겠습니까? 허정 스님 말씀처럼, 바위와 물과 소나무와 달님 역시 스승이고, 나아가 삼라만상이 모두 나의 스승입니다.

이익과 손해, 비방과 찬양, 칭찬과 꾸지람, 괴로움과 즐거움의 바람 앞에서 가을 낙엽처럼 쉽게 나부끼는 것이 사람의 마음입니다. 마음을 다잡아 흔들림 없는 삶을 살고자 한다면 우뚝한 바위가 곧 나의 스승입니다.

2019년 5월 4일 세계불교 지도자들의 예방을 받다.

뱃속에 아기 품고 열 달이 지나면
산통이 두려워라, 죽음의 문턱인가
병 깊은 사람처럼 아침마다 앓는 소리
정신은 나날이 흐릿해져만 가네
두려운 이 마음을 어떻게 표현할까
가슴 속에 고이는 근심의 눈물
슬픔을 머금고서 가족에게 건네는 말
무서워요, 이러다 죽으면 어쩌지요

부모님의 은혜에 보답하는 길

《부모은중경父母恩重經》에 나오는 말씀입니다.

언젠가 사위국 기수급고독원에 머무시던 부처님께서 제자들과 함께 남쪽으로 길을 떠나셨을 때 있었던 일입니다. 그 길목에서 한 무더기의 메마른 뼈를 보시자, 부처님께서 마른 뼈다귀들을 향해 이마를 조아리고 절을 올리셨습니다.

이것을 본 아난과 대중이 부처님께 여쭈었습니다.

"세존이시여! 여래께서는 온 우주의 위대한 스승이고, 모든 생명체의 자비로운 어버이시며, 수많은 사람의 귀의와 존경을 받는 분이십니다. 그런 분께서 왜 메마른 뼈에 절을 하십니까?"

그러자 부처님께서 아난에게 말씀하셨습니다.

"이 한 무더기의 마른 뼈들은 전생에 나의 조상이거나 나의 아버지 또는 어머니이셨던 분들이다."

부처님께서 뼈를 가리키며 아난에게 말씀하셨습니다.

"아난아! 남자의 뼈와 여자의 뼈로 나누어보거라."

아난이 난처해하며 부처님께 아뢰었습니다.

"살아있는 사람이야 외형과 치장, 말씨와 행동거지로 남자와 여자를 구분할 수 있지만 죽어 백골이 된 사람을 어떻게 구별할 수 있겠습니까?"

그러자 부처님께서 아난에게 말씀하셨습니다.

"남자라면 그래도 여자보다는 뜻대로 자신의 삶을 살고, 훌륭한 성인들을 만나 좋은 말씀을 들을 기회도 많고, 경제력에 따라 공덕을 쌓을 기회도 많았을 것이다. 그러니 그 뼈가 희고 또 무거울 것이다. 그러나 여자라면 살아있을 때 분명 아들딸을 낳아 길렀을 것이다. 자식 하나를 낳을 때마다 서 말 서 되의 피를 흘리고, 자식 하나를 키울 때마다 여덟 섬 너 말의 젖을 먹여야만 하니, 분명 그 뼈가 검고 또 가벼울 것이다."

아난이 이 말씀을 듣고 부모님의 지극한 공덕을 생각하며 통곡의 눈물을 흘렸다고 합니다.

저는 미련한 범부의 탈도 벗지 못했고 자식을 낳아 부모가 되어본 적도 없습니다. 그런 제가 부모님의 은혜를 운운한들 과연 얼마나 절실할 수 있겠습니까? 아마 어불성설이겠지요. 그럼에도 불구하고 생각하지 않을 수 없는 것이 부모님의 은혜입니다.

어머니가 자식을 열 달 동안 뱃속에 품었던 고단함을 어찌 말로 다하겠습니까? 나날이 거칠어지는 피부에 화장 한 번 곱게 못하고, 나날이 잃어가는 입맛에 구역질로 하루를 보내고, 나날이 무거워지는 몸뚱이는 태산처럼 무겁고, 나날이 늘어지는 뼈마디가 부서지는 듯 아프셨습니다. 이런 고통을 겪지 않고 자식을 낳은 어머니는 세상에 단 한 분도 없습니다.

그렇게 아기를 낳고 나면 부모는 온갖 시름을 잊고 기뻐합니다. 당신들은 차갑고 축축한 자리에 자면서도 자식만큼은 따뜻하고 마른자리에 눕히고, 당신들은 쓰고 거친 음식을 먹으면서도 자식만큼은 달고 보드라운 음식을 먹이고, 당신들은 헝겊대기를 걸치면서도 자식만큼은 좋은 옷을 입히고, 당신들은 주름투성이 맨얼굴이라도 자식만큼은 말끔히 씻기고 빗질해 키웁니다. 세상에 이렇게 자식을 키우지 않은 부모는 단 한 명도 없고, 부모에게 이렇게 키워지지 않은 자식 역시 단 한 사람도 없습니다.

저 역시 사람이니, 그 크신 은혜를 어찌 잊을 수 있 겠습니까? 옛날의 효자들처럼 눈밭에서 죽순을 구하 고 꽁꽁 언 강에서 잉어를 잡아 봉양하지는 못하지만, 출가자에게도 효孝는 반드시 실천할 삶의 강요綱要입니 다. 다만 그 은혜에 보답하는 길이 세간 사람들과 다를 뿐입니다.

중국 당나라 때 동산양개洞山良价(807~869)선사가 어머님께 이별을 고하며 보낸 편지에 이런 말씀이 있 습니다.

모든 부처님도 세상에 나오실 때 다들 부모님으로부 터 몸을 받았고, 만물이 생겨날 때에는 모두 하늘과 땅의 힘을 입는다고 들었습니다. 그러니 부모님이 아 니셨으면 태어날 수 없고, 하늘과 땅이 없었다면 자 랄 수 없었을 것입니다.

(…)

젖을 먹이신 정이 지극하고 보살펴 기르신 은혜가 깊사오니, 재물로 받들어 모실지라도 끝내 그 은혜

는 보답하기 어렵고, 기름진 고기 음식을 바쳐 봉양
한들 어찌 영원히 모실 수 있겠습니까? 그래서《효
경孝經》에서 '날마다 소와 양과 돼지를 잡아 봉양한
다 해도 오히려 효도를 다하지 못한다'고 하였습니
다. 하지만 그것은 서로를 이끌어 구덩이에 빠지는
짓이고 영원히 윤회의 길로 들어서는 짓입니다.

이 망극하고 깊은 은혜를 갚고자 한다면 출가의 공
덕만한 것이 없으니 생사生死라는 애욕의 강을 끊고
번뇌煩惱라는 고통의 바다를 건너면 천 생애의 부모
님께 보답하는 것이요, 만겁의 어머니께 보답하는
것이며, 삼계의 모든 중생과 은혜를 베푸신 네 부류
께 빠짐없이 보답하게 됩니다. 그래서 경전에 '아들
하나가 출가하면 구족九族이 천상에 태어난다'고 했
던 것입니다.

부모님의 은혜에 보답하는 길은 무엇일까요? 그 길
은 사람마다 처지마다 다를 것입니다. 누군가에게는 수
행자의 길을 걷고 보살의 길을 걷는 것이 효이고, 누군
가에게는 지극정성 봉양하는 것이 효이고, 누군가에게
는 정성껏 제사를 모시는 것이 효이고, 누군가에게는

존경받는 사회의 일원으로 자리매김하는 것이 효이고, 누군가에게는 자주 연락하고 손이라도 잡아드리는 것이 효일 것입니다.

이것저것으로 갈래가 많지만, 가만히 생각해보면 효의 첫걸음은 자신을 소중히 여기는 것에서부터 출발한다고 생각합니다. 나를 세상에 둘도 없는 보배로 여기신 부모님의 마음을 헤아린다면 결코 자신의 삶을 함부로 팽개칠 수 없기 때문입니다. 그래서 공자님도 "이 몸은 피부며 머리털까지 몽땅 부모님에게 받은 것이니, 감히 훼손하지 않는 것이 효의 시작이다(身體髮膚 受之父母 不敢毁傷 孝之始也)"라고 하셨나 봅니다.

우리 모두는 누군가의 귀한 가족이며 이 세상에 하나밖에 없는 존재입니다. 하나밖에 없는 나이기에 그 무엇과도 바꿀 수 없는 존재입니다. 각자 자신에게 자비의 마음을 보내봅시다. 자신을 사랑할 때 나 이외의 타인도 사랑할 수 있습니다. 나를 귀하게 여기는 마음에서 살아갈 수 있는 힘이 나옵니다.

아침에 거울을 마주하는 자신에게, 오늘도 힘내라고 먼저 인사를 건네세요. 매일매일이 긍정적으로 달라질 것입니다. 저 역시 매일 새벽 여명黎明이 밝아올 때 세수를 하고 거울 앞에 섭니다. 그 거울 속에서 감히 훼손하지 말라던 머리카락을 말끔히 깎아버린 저 자신을 마주하고 항상 다짐하곤 합니다.

'간절한 세속의 정을 끊고 출가한 나는 과연 수행자답게 살고 있는가? 부모님의 은혜를 넘어 사생육도四生六道 모든 중생들의 은혜에 보답하는 삶을 살고 있는가? 소중한 오늘 하루도 부처님의 제자로서 부모님의 자식으로서 부끄럽지 않게 살리라.'

2019년 4월 26일 국립중앙박물관에서
배기동 관장의 초청으로
조계종 중앙종무기관 부·실장 스님들과 함께
'창령사터 오백나한전'을 참관하다.

회주의 소가 벼 이삭을 먹었는데
익주의 말이 배탈이 났네
천하 명의를 찾아갔더니
돼지 왼쪽 허벅지에 뜸을 뜨더라

懷州牛喫禾 益州馬腹脹
天下覓醫人 灸猪左膞上

남 일이란 없습니다

중국 화엄종華嚴宗의 초조이신 두순법사杜順法師께서 지은 게송입니다. 불교를 처음 접하는 사람이라면 이런 게송이 아리송하게 들리겠지만 사실 이 말씀은 괜한 궁금증을 품게 하는 수수께끼가 아니고 얼렁뚱땅 얼버무리는 궤변은 더더욱 아닙니다. 이는 두순법사께서 모든 것이 하나로 연결되어 있는 법계法界의 실상, 그 진면목인 법신法身을 소와 말을 비유로 들어 시로 표현한 것입니다. 그래서 이를 〈법신송法身頌〉이라 합니다.

　중생들이 보는 세상에는 온갖 것들이 전부 따로따로 존재합니다. 산은 산이고, 강은 강이고, 나는 나고, 너는 너입니다. 그래서 산이 좋은 사람은 강을 가볍게 여기고, 강이 좋은 사람은 산을 가볍게 여기며, 내 손톱 밑에 가시가 박히면 온갖 성화를 다 부리고 남의 다리가 부러졌을 때는 그러려니 합니다.

부처님께서 법을 펴실 때 있었던 이야기 한 토막을 들려 드리겠습니다.

평소 언행이 얌전하고 매사 기품이 있어 고고한 학으로 불리는 부인이 있었습니다. 그녀는 용모가 빼어난 만큼 예의범절 역시 빼어났다고 합니다. 그래서 모든 사람들이 그녀를 '귀부인'이라며 칭찬했습니다.

하루는 그 집의 여자 하인이 자신이 모시는 이 부인이 얼마나 훌륭한가를 시험하고 싶었습니다. 그래서 여자 하인은 꾀를 냈습니다. 하인은 다음 날 아침 해가 뜰 때까지 일어나지 않고 늦잠을 잡니다. 게으름 피우는 모습을 일부러 보이면서 과연 부인이 어떤 반응을 보일지 살피기 위해서였습니다. 그러자 귀부인은 문을 열고 세상모르고 자고 있는 하인을 크게 꾸짖었습니다.

"해가 중천에 떴는데 왜 아직도 일어나지 않느냐! 왜 게으름을 피우는 게야."

불호령이 떨어집니다. 그런데 하인은 건방진 말투로

답을 합니다.

"평생 부지런 떨다가 하루쯤 늦게 일어난다고 무슨 큰일이 일어나나요? 이게 무슨 대수라고 그리 꾸짖습니 까?"

적반하장입니다. 여자 하인이 되레 따지듯 대듭니다. 부인은 화가 나 더욱 큰 소리로 하인을 꾸짖었습니다. 경을 칠 자세로 말이지요.

"이 못된 년이 어디다 말대꾸를 하느냐!"

화가 난 나머지 그 동안의 지고지순한 음성과 어투 는 어디로 갔는지 마구 욕이 튀어 나옵니다. 부인은 욕 을 하면서 씩씩대고 돌아섭니다. 하인은 그 다음 날에 도 어제와 같이 늦잠을 잡니다. 부인의 반응을 한 번 더 살피기 위해서였습니다. 부인은 약이 머리끝까지 올 라 결국 폭력을 휘두릅니다. 하인의 방에 찬물을 끼얹 습니다. 난리를 치면서 마구 욕을 해대면서 말이지요. 그 다음 날에도 늦게 일어나자 이번에는 흙을 뿌려대 고 직접 몽둥이까지 들고 나타나 늦잠을 자고 있는 하 인을 마구 때립니다.

이런 일이 여러 차례 반복되자 소문은 동네 전체로 삽시간에 퍼졌고, 귀부인이 그동안 쌓은 명성은 땅에 떨어집니다.

"인품이 자자하신 마님이 왜 그리 욕을 하고 폭력까지 쓰는 거야."

동네 사람들이 입에서 입으로 말을 옮기자 예전의 귀티 나던 귀부인의 '귀'자는 온데간데없이 사라집니다. 그 부인은 마을에서 오래도록 욕을 해대는 못된 상전으로 알려지게 됩니다.

어떻게 해야 할까요? 두순법사께서 말씀하시기를 "천하의 명의를 찾아가 고쳐달라고 했더니 돼지 왼쪽 허벅지에 뜸을 뜨더라"고 했습니다. 천하의 명의는 벼이삭을 먹은 회주의 말 탓도, 배탈이 나 드러누운 익주의 소 탓도 하지 않습니다. 마찬가지로 눈 밝은 사람, 선지식善知識, 즉 나와 너의 경계선이 본래 없다는 것을 아는 사람은 남 탓도 내 탓도 하지 않습니다. 천하 명의가 돼지 왼쪽 허벅지에 뜸을 뜨듯이 지금 필요한 곳에서 필요한 행동을 할 뿐입니다.

이야기 속 부인이 하녀에게 화를 냈던 까닭은 아침밥을 해야 하는데 하녀가 하지 않았기 때문일 것입니다. 그 아침밥을 내가 아닌 네가 해야 마땅한데 네가 도

무지 하려들지 않아 욕을 퍼부었을 것입니다. 만약 그 부인이 눈 밝은 선지식이었다면 어떻게 행동했을까요? 꿀물이라도 한 잔 타서 하녀 방에 들이밀고, 조용히 물러나 아침밥을 했을 것입니다. 중요한 것은 아침밥을 해서 맛있게 먹는 것입니다. 그 밥을 누구의 손으로 짓느냐는 그다지 중요하지 않습니다. 그걸 따지느라 밥을 짓지 않는다면 굶기는 둘 다 마찬가지입니다. 부인이 만약 이렇게 행동했다면 말의 병도 낫고 소의 병도 낫듯이, 부인의 마음도 편안하고 하녀의 마음도 편안하고 두 사람 모두 맛있는 아침밥까지 먹었을 것입니다.

남의 일이란 없습니다. 어리석고 눈이 밝지 못해 내 일 남 일 나누는 것이지 본래 우리 모두의 일입니다. 그러니 모름지기 '나'를 앞세우는 이기심을 말끔히 씻어버려야 합니다. 쉽고 편한 일은 내가 하고 어렵고 험한 일은 남에게 미루려는 생각, 자신을 남보다 아름답게 보이고 싶어 하는 생각, 이런 생각들은 몽땅 있지도 않은 나에 사로잡힌 망상입니다. 그러니 자꾸자꾸 내려놓고 흔들리지 않도록 노력해야 합니다.

이 세상에 남 일은 없습니다. 주위를 돌아보면 감당하기 힘든 분노를 짊어지고 평생을 살아가는 분들이 참으로 많습니다. 위안부 피해자 할머니들 역시 그런 분들 중 하나일 것입니다. 왜곡된 진실 속에서 병든 몸과 마음을 평생 혼자서 보듬어야 했던 그분들의 고통을 어찌 말로 다할 수 있겠습니까? 이옥선 할머니는 오늘도 피맺힌 절규를 토해 냅니다. 진실을 향한 간절한 외침입니다. 할머니들의 오랜 절규에도 일본정부는 여전히 역사를 왜곡하고 거짓말을 일삼으며 자신들의 부끄러운 역사를 부정하고 있습니다. 자신의 딸들이 그런 짓을 당했다면 지금처럼 침묵만 고수하지는 않았을 것입니다. 진실과 양심을 외면하는 자에게 화해의 길은 열리지 않습니다. 부디 그들이 남의 일로 여기는 어리석음을 털어버리고 진정한 화해의 장으로 나오기를 바랄 뿐입니다.

그나마 다행인 것은 우리 국민들만이라도 남의 일로 여기지 않고 함께 아파한다는 사실입니다. 추운 겨울날 자신의 목도리를 벗어 소녀상에 걸쳐준 학생, 부모님의 손을 잡고 고사리 같은 손으로 꽃다발을 공양 올린 어린아이, 그들의 맑은 눈망울과 따뜻한 손길에 할머니들의 상처가 조금은 아물었을 것입니다. 은사이신 월주 큰스님 역시 마찬가지셨습니다. 은사스님께서는 원력으로 나눔의 집을 세우셨고, 이 집은 현재 위안부 피해 할머니들의 작은 안식처가 되고 있습니다. 남의 일로 여기지 않는 지혜로운 마음, 함께 아파하는 보살의 마음이 아니셨다면 은사스님께서는 결코 이렇게 하지 못하셨을 것입니다.

2019년 4월 17일 대한불교조계종 총본산 조계사에서 열린 백만원력결집 선포식에서
조계사 주지 지현 스님이 10만 동참 발원의 의미를 담은 대형 카드를
총무원장 원행 스님에게 전달하다.

탐욕이 영원히 사라지고
분노가 영원히 사라지고
어리석음이 영원히 사라지면
이를 일러 열반이라 하느니

貪慾永盡 瞋恚永盡
愚癡永盡 是名涅槃

절벽의 나무와
우물의 등나무 넝쿨

어떤 외도가 부처님의 제자들에게 물었습니다.

"열반이 대체 무엇이기에 그대들은 늘 열반 열반하는 것이오?"

그러자 사리불 존자께서 이와 같이 답하셨습니다.

"불자들이 열반의 경계에 들고자 하는 까닭은 생사윤회의 고통에서 벗어나기 위함입니다. 오욕五慾의 즐거움을 추구하는 삶은 고통과 좌절을 초래하고, 그런 삶이 반복되는 것을 생사윤회라 합니다. 반복되는 고통과 좌절에서 벗어난 평온하고 안락한 삶, 그것을 열반이라 합니다. 그래서 우리 불자들은 고통과 좌절의 구렁텅이에서 벗어난 평온하고 안락한 열반을 추구합니다."

옛날에 어떤 나그네가 사막을 걸어가고 있었습니다. 갑자기 뒤에서 술에 취해 성난 코끼리가 쫓아옵니다. 그 큰 몸집으로 나그네를 금방이라도 집어 삼킬 듯이 달려오니 놀란 나그네는 앞뒤 가릴 것 없이 놀라서 도망을 칩니다. 그러다가 다다른 곳이 절벽에 있는 허물어진 우물입니다. 다급했던 나그네는 허겁지겁 우물로 이어진 칡넝쿨을 타고 내려가 숨었습니다.

그러나 넝쿨은 그리 단단하지 못해서 오래 매달려 있을 수가 없을 듯합니다. 생각다 못해 우물 벽에 다리라도 의지하려 하니 사방은 온통 가시덤불입니다. 그런데 그런 와중에 사방 벽에는 각각 독사가 한 마리씩 똬리를 틀고 앉아 어디 한 곳 발을 디딜 수도 없는 지경입니다. 무서운 코끼리를 피해 내려왔더니 이번에는 뱀이 언제 물을지 모를 절체절명의 위기입니다. 나그네는 할 수 없이 다시 아래로 내려갑니다. 그런데 바닥에는 더 많은 독사들이 우글거립니다.

위로 올라가려 하니 코끼리가 성난 눈으로 나그네를 지켜보고 있고, 아래에선 뱀이 혀를 날름거립니다. 대롱대롱 매달려 있던 칡넝쿨도 이젠 안전하지 못합니다. 검은 쥐와 흰 쥐가 번갈아가며 칡넝쿨의 윗부분을 갉아

먹기 때문입니다. 나그네는 긴 한숨과 함께 "이젠 죽었구나! 이젠 죽었구나!" 탄식을 합니다.

그런데 그 순간 꿀이 똑 똑 똑 똑 똑 하고 다섯 방울이 떨어졌습니다. 혀를 내밀어 달콤한 꿀맛을 본 나그네는 성난 코끼리도 무서운 독사의 이빨도 한순간 잊었습니다.

이 내용은 불자들에게 익숙한 안수정등岸樹井藤의 법문입니다. 이 법문은 비유를 통해 나그네가 처한 모습과 우리가 걸어가는 인생의 길을 간략히 요약한 것입니다.

하나하나 그 의미를 따져보면 이렇습니다. 술 취한 코끼리는 세월입니다. 칡넝쿨은 목숨 줄을 상징하고, 네 마리의 독사는 우리 몸을 이루고 있는 지수화풍地水火風 사대四大를 말합니다. 흰 쥐와 검은 쥐는 생명을 갉아 먹는 낮과 밤을 의미하고, 우물 바닥의 뱀은 지옥을 상징합니다. 그렇다면 다섯 방울의 꿀은 무엇일까요? 바로 오욕락입니다. 다섯 가지 욕망의 즐거움이란 재물욕과 성욕, 식욕, 명예욕, 수면욕입니다. 나그네는 곧 죽어서 지옥으로 떨어질 운명인데도 오욕락에 취해 자신의 위급한 상황을 잊고 있는 겁니다.

이 법문에서 우리는 무엇을 깨달아야 할까요? 오욕락을 상징하는 꿀을 받아먹든 그렇지 않든 그 무엇을 택하는 것은 바로 자신, 각자의 몫입니다. 흰 쥐와 검은 쥐가 번갈아 가면서 생명줄인 칡넝쿨을 갉아 먹고 있으니 우리의 생명은 지금 바로 이곳에서 촌각을 다투고 있습니다. 호흡지간에 한 생명이 있다는 가르침이 그대로 느껴집니다. 죽음이란 멀리 있는 것이 아닙니다. 한 번 들이마신 숨을 내뱉지 못하면 곧 죽음입니다. 사람의 생명이란 나약하기 그지없습니다. 생사의 갈림길은 이미 우리 곁에, 항상 달라붙어 있습니다.

생사生死란 참으로 급하고도 급한 문제입니다. 바로 어제가 청춘 같다고들 하지만 바로 오늘은 백발이 성성한 노년입니다. 지나온 시간은 순간과 같아서 1년도, 10년도, 30년도 순간처럼 읽혀집니다. 그럼에도 어리석은 중생들은 젊음이 영원할 줄 압니다. 꿀처럼 달콤한 욕망의 쾌락 속에서 스스로 속아 넘어갑니다.

이 세상에 영원한 것은 없습니다. 한순간에 사라지는 쾌락의 즐거움은 더더욱 허망한 것입니다. 그런 허망한 쾌락을 쫓아 일생을 허비하고 소중한 삶을 망각한다는 것은 참으로 안타까운 일입니다. 이런 사실을 일찌감치 깨닫고 욕망의 달콤함을 훌쩍 떨치고 스스로 살아갈 길을 찾는다면 얼마나 좋을까요?

젊고 건강할 때 죽음이 가까이 있음을 깊이 성찰하고 삶의 길을 바로잡아야 할 것입니다. 손아귀에 잡히지 않는 찬란한 무지개를 좇아 마냥 달리기만 할 것이 아니라 잠시 걸음을 멈추고 후회 없는 삶이 무엇인지를 곰곰이 생각해보아야 합니다. 지금 이 순간, 우리는 절벽의 나무 아래 있는 낡은 우물에 드리운 한 가닥 등나무 넝쿨에 매달린 삶을 살고 있습니다. 앞으로 여러분은 어떻게 하시겠습니까?

2020년 1월17일 조계사 대웅전에서 공무원·청와대 불자들에게 법어를 하다.

어리석은 자들은
목숨의 끝이 있음을 알지 못하여
무의미한 다툼을 멈추지 않는다
지혜로운 이는 이러한 이치를 알아
다툼에 휘말리지 않고
다툼이 있더라도 놓아버린다

가르침과
배움

교육은 어리석음을 멀리하고 지혜로움을 가까이 하는 일입니다. 지혜로운 사람은 일상에서 다툼이나 시비에 휘말리지 않습니다. 그렇기에 지혜를 증득하기 위한 교육은 평생 닦아도 부족하지 않습니다. 옛 스승들은 교육이란 숨을 쉬고 물을 마시는 것처럼 평생 이어가야 하는 것이라고 말씀하셨습니다.

그렇다면 교육의 참 의미는 무엇일까요? 사전적 의미는 삶을 살아가는 데 필요한 행위를 가르치는 일체의 일이라고 간략히 소개되어 있습니다. 간략한 설명이지만 기실 대한민국의 희망도, 대한불교조계종의 희망도 이 교육에 있다고 해도 과언은 아닙니다. 우리 모두는 바른 교육을 통해서만이 바른 길을 찾아 바르게 나아갈 수 있기 때문입니다.

가르침을 받아야 할 내용들은 참으로 다양합니다. 어린이가 어른이 되는 과정에서 가르쳐야 할 것들, 어린이가 장차 사회에 적응하여 살아가기 위해 필요한 지식과 경험들, 어른으로서 갖추어야 할 인성, 어른으로서 마땅히 행해야 할 도리 등등 기실 배울 것은 끝이 없습니다. 교육의 기간 역시 정해진 바가 없어 평생을 배우는 시간이라고 해도 좋을 듯합니다. 세월이 흐를수록 더욱 새로운 것들이, 더욱 다양한 지식과 지혜가 발현되고 있으니 평생 배워도 모자랍니다. 사정이 이러하니 우리는 교육을 게을리 해서는 안 됩니다.

옛 선지식들은 교육을 행하기 전에 배우려는 그 사람의 심성부터 먼저 살폈습니다. 그의 천성이 선한지, 악한지, 자식이 많은 집에서 태어났는지, 가난한 집에서 태어났는지 등을 따져봅니다. 이는 교육에 더욱 충실하기 위해서입니다. 교육이란 단순히 지식과 정보를 전달하는 것이 아니라 사람을 변화시키는 일이기 때문입니다.

우리 모두는 교육자이고 교육생이어야 합니다. 자식

의 교육은 자식의 성정에 맞춰 맨 처음 부모가 교육자로서의 위의를 드러내야 하는데 요즘 시대는 딱히 그렇지도 않습니다. 오늘을 살아가는 아이들의 교육자는 많이 다른 것 같습니다. 요즘 시대에는 인생의 첫 번째 교육자가 텔레비전과 스마트폰이라고들 합니다. 그 이유는 여러 가지가 있습니다. 부모가 모두 직장생활을 하기 때문에 자식과 함께하는 시간이 절대적으로 부족합니다. 그래서 부모가 예전처럼 자식에 대한 교육에 전념할 수가 없습니다. 형편이 이러하니 내 아이는 스스로 알아서 잘 할 거라는 근거 없는 믿음으로 애써 스스로를 위로하기도 합니다. 내 아이가 잘못 성장할 거라는 생각은 애초에 매뉴얼에 없습니다. 하고 싶지도 않고 그냥 요행으로라도 잘 성장하기를 바랄 뿐인데 세상살이가 그리 녹록치만은 않습니다.

충분한 투자 없이는 가치 있는 결과를 기대할 수 없습니다. 아이들을 텔레비전과 스마트폰에 맡겨두고 올바른 인간으로 자라주길 바란다는 것은 참으로 어리석은 생각입니다.

정말 아이가 올바른 인간으로 성장하기를 바란다면 아이의 첫 번째 교육자는 부모여야 합니다. 사람이 사람을 사랑하고 아끼고 보듬는다는 것이 무엇인지, 사람과 사람이 조화롭게 살기 위해서는 어떤 태도와 행동을 갖춰야 하는지를 부모가 아이에게 몸소 보여주어야 합니다.

책도 텔레비전도 스마트폰도 아이에게 사람의 따뜻한 미소와 온기를 가르칠 수는 없습니다. 그것을 제일 잘 가르칠 수 있는 사람은 부모입니다. 그리고 이 과정은 인성의 밑바탕을 구성하는 가장 중요한 일이기도 합니다. 교육이란 사람을 사람답게 키우는 것이지, 물건을 만들고 기계를 만드는 것이 아닙니다. 이를 망각하고 부모가 그 소중한 임무를 물건이나 기계에게 맡긴다는 것은 참으로 무책임한 행동입니다.

안타까운 교육의 현실 중 두 번째 교육자가 선생님이라는 점입니다. 예전과 비교하면 선생님의 위상과 역할이 속속 한계를 드러내고 있습니다. 인성교육의 첫 걸음은 아이들의 속마음을 읽어내는 것인데 지금의 교육 시스템으로는 아이들을 위한 인성교육도 사실상 불가능합니다. 아이에게 문제가 있다고 하면 학교나 부모는 서로에게 책임을 전가하며 남 탓만을 합니다.

이것이 우리 사회 교육계의 현실입니다. 그렇다고 포

기해서는 안 됩니다. 인성교육이나 밥상머리 교육과 같은 과거의 정겨운 교육법을 정녕 먼 옛날 조상들의 행위로만 치부하지 말고 다시 시작해야 합니다. 아무리 시간이 없더라도 아이들과 눈을 맞추고 대화하고 함께 밥을 먹으며 일상을 나누어야 합니다. 부모는 아이에게 세상에서 조화롭게 살아가는 법을 가르쳐야만 합니다. 아이와 함께 걷고, 함께 땀 흘려 일하고, 함께 운동하고, 함께 쉬는 시간을 가져야 합니다. 말이 아니라 아이들이 직접 사람의 향기, 삶의 향기를 맡을 수 있도록 기회를 제공해야 합니다. 자신이 조금 손해 볼 때 친구가 생기고 자신이 조금 이익을 볼 때 누군가와 멀어진다는 상식을 가르쳐야 합니다. 그것이 부모와 교육자의 의무입니다. 가르치지 못하면 그 대가는 부모뿐만 아니라 세상에 고스란히 돌아옵니다. 그렇기 때문에 우리는 그 어떤 아이라도 포기해선 안 됩니다.

마치 연못에 여러 가지 연꽃이
있는 것과 같습니다
어느 연꽃은 물속에 잠겨 썩어가고
어느 연꽃은 수면에 닿을 듯 말 듯
위태롭습니다.
찬란한 햇빛을 받으면
그 연꽃들은 높이 솟아올라
진흙도 묻지 않고 물에도 젖지 않고
화려한 빛깔과 은은한 향기로
주변을 아름답게 물들일 것입니다

미소로
시작하는 하루

깨달음을 증득하신 부처님께서 중생들의 근기를 걱정하고 계실 때 범천왕梵天王(사바세계를 주관함)이 중생들을 연꽃에 비유하면서 법을 설하시도록 권청勸請을 올리는 대목입니다. 지극하고도 간절합니다.

부처님께서 성도 후 처음으로 법을 설하신 곳은 초전법륜 성지인 녹야원鹿野苑입니다. 그리고 첫 설법은 바로 자비로운 얼굴의 미소로 하신 상호설법相好說法입니다. 부처님의 몸에 갖추어진 훌륭한 용모와 형상으로 하신 미소법문입니다. 불교를 마음의 종교라고 일컫는 것도 바로 이 때문입니다. 자비로운 미소, 그 미소를 머금은 얼굴에 사람들은 마음이 끌립니다. 그 미소는 마음을 편안히 열게 하는 힘이 있습니다.

녹야원은 법을 설하신 부처님과 부처님의 가르침, 다섯 명의 비구가 함께했기에 삼보三寶가 완성된 성지라는 의미도 갖습니다. 부처님께서는 보드가야 보리수나무 아래서 도를 이루신 뒤 49일 동안 선정에 드셔서 당신의 깨달음에 대해 사유하고 깊은 법락法樂에 취해보기도 하셨습니다. 그런 가운데 범천왕의 권청을 받아들여 중생들에게 법을 설해야겠다는 금강 같은 자비의 마음을 내십니다. 또 한량없는 중생구제의 원력을 내게 됩니다. 그런 연후에 과연 누구에게 처음으로 법을 설할 것인가 하고 깊이 사유해보니 바로 당신과 함께 수행했던 다섯 비구가 떠오릅니다.

드디어 부처님의 첫 설법이 이뤄집니다. 부처님의 초전법륜을 자비로운 미소로써 법륜을 굴린 법문이라고 한 까닭은 부처님을 경계했던 다섯 비구의 태도 때문입니다.

녹야원 바로 옆에 있는 영불탑迎佛塔은 다섯 비구가 부처님을 처음 맞이한 곳입니다. 다섯 비구는 우루벨라의 고행림에서 부처님과 함께 고행하다가 부처님께서 수자타 여인의 유미죽 공양을 받아먹는 것을 보고 "고

2018년 10월 24일 아라아트센터에서 열린 불교미술대전 기획전 개막식에 동참하다.

타마는 타락했다"면서 떠났던 바로 그분들입니다. 부처님 곁을 떠나면서 "다시는 타락한 고타마 싯다르타를 보지 말자"고 서로 약속까지 합니다.

6년 동안 고타마 싯다르타와 피나는 고행을 함께 했지만 수자타 여인의 공양을 받아먹는 고타마 싯다르타를 보고 "고행을 버리고 마음이 타락해 변절했다"고 비난하면서 떠났습니다. 그렇지만 부처님께서는 '비고비락非苦非樂, 쾌락에 빠져서도 안 되고 고행이 목적이 되어서도 안 된다'는 중도中道의 이치를 꿰뚫어 보고 깨달음을 완성하셨습니다.

깨달음을 완성하신 뒤에 가장 먼저 제도할 사람으로 선택한 이들이 바로 자신을 비난하고 떠났던 이 다섯 비구였습니다. '교진여' 등 다섯 비구는 처음 부처님이 오시는 것을 보면서 "고타마 싯다르타가 오면 말도 하지 말고 아는 척도 하지 말고 보지도 말자"고 서로 약속합니다. 그러나 그것은 다섯 비구의 다짐일 뿐 정작 부처님이 가까이 다가오자 꽃이 태양 빛을 향하듯이, 물이 아래로 흐르듯이 흔쾌한 마음으로 부처님을 맞이하게 됩니다. 그리고 가장 깨끗한 자리까지 내어주며 스승을 맞이하는 제자로서 예의를 갖춥니다. 다섯 비구의 마음을 한순간에 돌려놓은 비결은 무엇일까요? 그것은 깨달은 자에게서 나타나는 밝고 부드러운 미소였습니다. 태양처럼 당당하게 빛나는 부처님의 위의에 그들의 태도가 자연스럽게 바뀐 것입니다.

사람의 삶은 그 사람의 얼굴에 새겨진다고들 합니다. 마음에 짜증과 화가 쌓이면 자연스레 열기가 달아오르고 눈초리가 올라가면서 얼굴이 검붉어집니다. 반대로 마음이 여유롭고 자비로운 마음을 품으면 저절로 입꼬리가 올라가고 눈초리 역시 밝고 길어져 그대로 하회탈을 닮게 됩니다.

오늘 아침 당신의 얼굴은 어떠셨나요? 매일 아침 거울을 보면서 미소법문으로 하루를 시작하시기 바랍니다. 미소 가득한 얼굴을 한 거울 속 당신을 만나고 하루를 시작하면 부처님을 만난 녹야원의 다섯 비구처럼 마음이 절로 환하게 밝아질 것입니다. 그리고 당신을 만나는 모든 이들에게 당신의 그 미소를 보여주십시오. 즐겁고 행복한 하루가 될 것입니다.

부처님 뵙지 못하고
예서 삶을 회향하나니
내 마지막 손길로
부처님 길 가리키노라
부디 다음 순례자는
이 손길 따라 쉼 없이 나아가기를

이 손길 따라
부처님께 나아가길

인도 순례길에 있는 어느 작은 숙소에서 만난 티베트어로 쓰여있는 글귀입니다. 순례자의 마지막 유언입니다. 자신은 부처님 성지를 끝까지 순례하지 못하고 중도에 세연을 다하지만 다음 순례자는 꼭 완수하기를 기원하는 비원悲願이 서린 말입니다. 순례자의 마지막 숨결이 느껴져 가슴이 뭉클해집니다.

순례巡禮란 우리 불자들에게 어떤 의미일까요?

부처님께서 열반에 드시기 전 아난이 부처님께 여쭈었습니다.

"세존이시여! 지금까지는 여러 곳에 있는 수행자들

이 부처님께서 계신 곳으로 찾아와 세존을 뵙고 가르침을 받아왔습니다. 부처님께서 열반에 드신 후에는 그들이 가르침을 받고 싶어도 받을 곳이 없고 우러러 뵙고 싶어도 뵐 곳이 없을 것입니다. 부처님! 남은 수행자들은 어찌하면 좋겠습니까?"

그러자 부처님께서 유언처럼 당부하셨습니다.

"아난아! 너무 걱정하지 말거라. 이 법을 따르는 모든 수행자들에게는 항상 생각하고 기억해야 할 네 곳이 있느니라. 그 네 곳은 여래가 태어난 곳과 처음으로 도를 이룬 곳, 처음으로 법의 바퀴를 굴린 곳과 반열반般涅槃에 든 곳이다. 이 네 곳을 생각하고 찬탄하여 직접 보고자 발원해야 하며 항상 기억해 잊지 않고 아쉬워하고 사모하는 생각을 내야 한다.

아난아! 내가 열반에 든 뒤에 이 법을 따르는 모든 수행 대중들은 '여래가 태어났을 때 어떤 공덕을 갖추고 있었을까? 여래가 도를 증득했을 때 어떤 신력神力을 나타냈을까? 여래가 처음 법륜을 굴려 사람들을 교화하던 모습은 어떠했을까? 여래는 열반에 이르러 어떤 법문을 남겼을까'를 생각해야만 한다. 각각 네 곳의 성지를 순례하면서 모든 탑사를 예경하면 그들은 부처를 보고 가르침을 듣는 것과 다름이 없을 것이다."

부처님께서 태어나시고 성도하시고 법을 펼치고 적멸에 든 성지를 순례해야 하는 이유를 《대반열반경》에서는 이와 같이 전합니다.

부처님의 마지막 가르침에 따라 불자들은 부처님 입멸 후 끊임없이 목숨을 걸고 인도의 성지를 순례하였습니다. 순례는 앞으로도 쉼 없이 이어질 것입니다.

그 옛날 교통이 발달하지 않았던 때에는 성지에 도착한 순례자보다 그렇지 못한 채 목숨을 잃은 순례자들이 훨씬 많았습니다. 불과 100년 전만 해도 천축국天竺國 인도는 참으로 가기 어려운 멀고도 먼 나라였습니다. 비행기가 있어 오늘날에는 불과 10시간이면 도착할 수 있는 가까운 나라가 되었습니다. 신심과 원력만 있으면 얼마든지 순례를 다녀올 수 있으니 불자라면 누구나 한번쯤은 꼭 '부처님의 성지를 순례하겠다'는 목표를 세워서 실천하셨으면 합니다.

그렇다면 부처님 성지를 순례하는 공덕은 무엇일까요? 부처님께서 걸으신 발자취를 따라 걸으며 남기신 가르침을 되새기다보면 저절로 신구의身口意 삼업三業이 청정해지게 됩니다. 이것이 성지를 순례하는 첫 번째 이유이고 순례를 통해 얻는 가장 큰 공덕입니다. 듣는 것은 보는 것만 못하고, 무엇에 대해 생각하는 것은 무엇을 직접 경험하고 느끼는 것만 못합니다. 부처님의 향기가 남아있는 곳으로 찾아가 직접 보고 느끼면 부처님의 삶과 가르침이 저절로 스며들어 우리의 내면이 맑아지고 밝아지는 것을 경험하게 됩니다.

순례 과정을 거치면서 혼탁하고 복잡했던 마음이 부처님처럼 아름답고 깨끗해지는 것이지요. 한번쯤 그런 경험을 하고나면 '나도 부처님처럼 살아야겠다'는 다짐과 용기가 샘솟게 됩니다. 그것이 바로 원력願力입니다. 부처님이 어떠한 분인지도 모르면서 경전을 읽고 수행을 한다는 것은 앞을 가늠할 수 없는 어둠 속에서 손으로 더듬으며 길을 찾아 헤매는 나그네와 같습니다.

원력은 순례의 길목에서 저절로 샘솟는 것이지만 미리 원력의 싹을 틔우고 순례에 임한다면 더없이 좋을 것입니다. 미리 싹을 틔우면 그 열매가 빨리 또 풍성하게 맺히기 때문입니다.

그럼, 어떤 원력을 세우는 것이 좋을까요? 다음과 같이 다섯 가지 원력을 세우면 좋을 것입니다.

첫째, 부처님의 생애를 하나하나 되새기고 마음에 담겠노라고 다짐해야 합니다. 인도 성지순례에 동참하는 불자들에게 꼭 필요한 다짐입니다. 부처님의 성지마다에는 부처님의 가르침이 스며있습니다. 부처님의 중요한 가르침과 행적이 있는 곳을 우리는 부처님의 8대 성지라고 합니다. 부처님의 8대 성지는 부처님께서 탄생하신 네팔 룸비니동산, 6년 고행 후 마침내 도를 성취하신 보드가야, 다섯 비구에게 처음으로 법을 설하신 녹야원, 1,250비구와 함께 가장 오랜 기간 머물며 24안거를 성만하신 쉬라바스티의 기원정사祇園精舍, 부처님께서 도리천에서 어머님께 법을 설하고 하강하신 상카시아,《법화경法華經》등 수없이 많은 경전을 설하신 라즈기르 영축산靈鷲山과 빔비사라 왕이 공양 올린 최초의 도량 죽림정사竹林精舍, 비구니 승단을 허락하시고《유마경維摩經》의 배경이 된 바이샬리 대림정사大林精舍, 제행무상諸行無常의 열반성지인 쿠시나가르 등을 말합니다.

우리는 부처님의 가르침과 행적을 예습한 뒤 성지에서 복습해 가르침 하나하나를 몸과 마음에 새겨야 합니다. 그리고 가르침을 실천하기 위해 노력해야 합니다.

둘째, 부처님의 향기가 배어있는 자리에서 부처님께 직접 자신의 잘못과 부끄러움을 참회하겠노라고 다짐해야 합니다.

셋째, 부처님에 대한 믿음, 부처님의 가르침에 대한 믿음, 부처님의 가르침으로 공동체를 이룬 승가에 대한 믿음을 굳건히 하겠노라고 다짐해야 합니다. 부처님은 직접 뵈면 공경하지 않을 수 없는 분이고, 가르침은 직접 들으면 믿지 않을 수 없는 진리이고, 아름다운 수행자들은 함께하면 성숙하지 않을 수 없는 좋은 벗입니다. 성지순례를 통해 이런 삼보에 대한 믿음을 확고히 하겠노라고 다짐해야 합니다.

넷째, 나의 삶을 바른 길로 이끌어주신 부처님의 은혜에 감사하며 성지마다 지극한 마음으로 찬탄 예경하고 공양을 올리겠노라고 다짐해야 합니다.

다섯째, 부처님의 발자취가 남아있는 인도와 네팔의 문화와 종교, 자연을 이해하고 공부하겠노라고 다짐해야 합니다. 이렇게 미리 다짐하고 성지순례에 나선다면 그 길 끝에서 큰 공덕을 성취할 것입니다.

부처님께서는 길 위에서 태어나셨습니다. 도를 이루신 곳도 길가의 숲이었으며, 법을 설하신 곳 역시 길가

의 숲이었습니다. 부처님의 삶과 길(道)은 떼려야 뗄 수
없는 관계입니다. 부처님께서는 끊임없이 길을 걸었고,
인연 닿는 숲에서 법을 설하셨으며, 그 발걸음을 멈추
고 열반에 드신 곳도 길가의 사라나무 아래였습니다.
불자라면 부처님께서 걸으신 그 길을 따라 평생에 한번
쯤은 순례에 나서야 할 것입니다. 그 길에서 이런 노래
도 불러보면 좋을 것입니다.

> 모든 것은 인연 따라 생겨나고
> 인연이 다하면 사라진다네
> 위대하고 성스러운 나의 스승께서는
> 이렇게 가르침을 설하신다네
>
> 諸法從緣生 是法緣及盡
> 我師大聖王 是義如是說

2019년 3월 5일부터 13일까지 한국종교지도자협의 주최·문화체육관광부 후원으로
진행된 인도성지순례 중 보드가야 마하보디 사원의 석가모니 부처님 앞에서
천주교 김희중 대주교, 원불교 오도철 교정원장, 문화체육관광부 이우성 종무실장과 함께하다.

조계산이 곧
청정한 법신이요
파도 소리가 곧
부처님의 법음이네

曹溪山是淸淨身
澄海潮音長廣舌

한 방울의 물을
바다에 던지듯

조계산 산자락에 부처 아닌 존재가 없으며 파도 소리
는 부처님의 팔만사천 큰 법문이니, 눈을 감고 정좌한
채 조용히 귀를 기울여보세요. 바람이 흔드는 풍경 소
리, 계곡의 물소리가 지극한 자비의 가르침을 담아 가
슴을 울립니다. 번민을 지우고 평온한 마음으로 이끈다
면 눈에 비치는 풍광 그대로가 부처님이고, 귓가에 울
리는 모든 소리가 그대로 법음입니다.

　우리나라에서도 부처님의 가르침과 불교를 주제로
한 영화가 여러 편 만들어지고 또 상영된 적이 있지만
전체적으로 보면 불교 영화가 그리 많은 것은 아닙니
다. 되새김질하듯 보고 싶은 불교 영화 한 편이 있어 소개합니다. 불교의 가르침을 주제로 만들었는데 굳이 출가자 혹은 불자로서의 관점으로 보는 것보다는 인생의 화두로 삼아 보아도 좋을 듯한 영화인지라 소개합니다.

2004년 부산국제영화제 출품작이라 하는데 그때는 보지 못하고 몇 해가 흘러 우연히 보게 되었습니다. 맑고 푸른 히말라야 기슭도 볼만했고 영화 속 음악도 마음에 깊은 울림과 파동을 일으켰습니다. 무엇보다도 현실의 단면을 있는 그대로 담아내는 것 같아 보는 이들 모두가 주인공이 된 듯 한 입장에서 볼 수 있습니다. 그래서 눈이 번쩍이고 한겨울 차디찬 강바람을 맨몸으로 맞은 듯 시원한 느낌도 들었습니다.

영화 〈삼사라〉에서 남자 주인공 '타쉬'와 여자 주인공인 '페마'가 대화를 나눕니다. 삼사라(samsara)는 우리말로 윤회입니다.

"야쇼다라, 이 이름을 아세요?"

"석가모니, 왕자, 고타마, 부처. 다들 그 이름은 알죠. 하지만 야쇼다라는 잘 몰라요."

"야쇼다라는 싯다르타와 결혼해 진정으로 사랑을 했죠. 어느 날 왕자는 그녀와 아들이 잠든 사이에 떠났죠. 득도해서 부처가 되려고요. 떠나면서 그녀에게는 한 마디도 안했어요. 그녀는 병자들을 가엾게 여겼어요. 싯다르타가 그런 감정과 고통을 알기 훨씬 전부터요. 왕자가 부처가 된 건 그녀 덕이 아닌가요?"

"야쇼다라가 남편과 아들을 떠나고 싶었을지도 몰라요. 싯다르타가 떠난 뒤 그녀는 분노와 외로움과 슬픔에 빠져 살았다는 걸, 그 누가 알아주죠?"

"아무도 그녀에겐 관심조차 없었어요. 아들 라훌라가 아빠는 어디 갔느냐고 끊임없이 보챘을 때, 야쇼다라는 뭐라고 대답했을까요?"

"한밤중에 자식을 버리는 어머니는 없어요. 남자만이 그럴 수 있죠. 오직 남자만이…"

"그 후로 야쇼다라에겐 외길뿐이었죠. 금욕적인 생을 살아야 했어요. 그녀는 삭발하고 수도승처럼 살았죠."

"타쉬! 당신의 불도를 향한 열정이 내게 보여준 사랑만큼 강했다면 당신은 이미 현세에서 부처가 되었을 거예요."

"페마! 용서해줘. 당신과 함께 집으로 갈게."

타쉬는 다섯 살에 출가하여 오직 절에서만 생활하다가 토굴 속에서 3년 3개월 3일을 정진하고 나옵니다.

스승과 도반은 피폐해진 타쉬의 육신을 정성스레 돌봅니다. 다시 대중처소에서 지내던 중 타쉬는 본능적인 성욕에 몽정을 체험하고 성적 환상에 시달리게 됩니다. 그러던 어느 날 아랫마을의 공양청을 받아 마을로 내려가게 되고 그곳에서 아름다운 여인 폐마를 만나 환속합니다. 스승과 도반의 안타까운 눈빛을 뒤로 한 채.

타쉬는 아리따운 처녀 폐마에게 속삭였습니다.

"부처님도 스물아홉 살까지는 속세에서 사셨습니다. 저는 다섯 살 때부터 속세를 떠나 부처님처럼 살았습니다."

"왜죠?"

"부처님의 깨우침도 속세의 경험에서 나온 결과가 아닌가요? 스님! 수행 후 온다던 자유와 금욕 후의 만족감은 어디에 있는 거죠? 부처님께서 깨닫지 못한 가르침은 받아들이지 말라 이르셨죠?"

"자신의 관점으로 깨달으랬어요. 깨닫기 위해 몰라야 될 것도 있지만 포기하기 위해 알아두어야 할 것도 있죠."

"하나의 욕망을 채우기 위해 사는 것과 만 개의 욕망을 채우기 위해 사는 삶 중에 어떤 것이 더 나을까요?"

작은 벌레의 몸짓에도, 한 방울의 물에도 일체 진리와 진상이 깃들어 있습니다. 한 방울의 물이 영원할 수 있는 길은 무엇일까요? 어떻게 해야 한 방울의 물이 마르지 않을까요?

"한 방울의 물을 바다에 던지면 되나니…"

우리의 삶도 이와 같습니다. 아름답고 자비로운 사람의 삶은 사람들의 마음과 문화 속에서 영원합니다. 후대 사람들이 그를 기억하고 따라서 실천한다면 그는 죽은 것이 아니라 여전히 살아있는 것입니다. 나눔과 자비를 실천한 사람들의 아름다운 삶은 글로 새기지 않아도 그렇게 후손들의 마음속에 각인되어 영원히 이어집니다. 영원한 삶이 됩니다.

태어나는 것은
한 조각 구름이 일어나는 것이요
죽는 것은
한 조각 구름이 사라지는 것이다
뜬구름 자체는
실체가 없는 것이니
나고 죽고 가고 옴이
또한 이와 같으니라

生也一片浮雲起
死也一片浮雲滅
浮雲自體本無實
生死去來亦如然

허울을 벗고
있는 그대로 보라

우리나라 최초의 한글소설로 알려진 《홍길동전》은 조선 중기의 시인이자 문관이었던 허균許筠(1569~1618)이 지은 것입니다. 허균은 이 소설을 통해 본인이 늘 품어 왔던 새로운 이상향을 백성들에게 전하고 있습니다.

작가 허균의 감성과 이성은 홍길동전의 글 속에 고스란히 녹아 있습니다. 적서차별嫡庶差別, 남존여비男尊女卑 등 조선 사회의 수많은 불평등과 차별을 없애고자 하는 열망을 소설에 담아냈습니다. 허균은 부조리한 조선의 관료사회에 대한 비판, 적서차별로 인한 신분적 한계와 불평등, 남녀차별, 탐관오리의 횡포에 맞선 권선징악, 가난한 백성들을 구제하는 길, 그리고 새로운 세상을 이루어내고픈 자신의 원대한 포부를 이 작품을 통해 한껏 드러내고 있습니다.

조선 600년 동안 이와 같은 문제의식을 가졌던 이가 어디 허균뿐이겠습니까? 하지만 《홍길동전》처럼 백성의 입장에서 당시의 왕족과 사대부, 가진 자들을 향해 한바탕 시원하게 퍼부었던 일은 그리 많지 않았습니다. 위정자들의 입과 행동이 민초들의 바람과 어긋나기는 예나 지금이나 마찬가지인 듯합니다. 백성들이 위임한 권력임에도 가진 자들은 그 권력이 본래 자신의 것이었던 것처럼 착각합니다. 그래서 그 권력을 자신들의 안위를 유지하고 자신들의 꿈과 이상을 실현하는 도구로만 사용합니다.

그런 권력자들에게 백성들의 염원을 대변하는 홍길동은 아무리 허구 속 인물이라 해도 몹시 거슬렸을 것입니다. 그래서 당시에는 이 소설을 하릴없는 민초들을 결집하려는 아주 위험한 글로 몰아세웠습니다. 세상은 어느 한 사람이나 한 부류의 생각과 행동으로 끌려가는 것이 아니라고 비아냥대면서 아마 '저렇게 투덜대다가 포기하겠지'라고 생각했을 겁니다. 그러면서도 자신을 개혁대상으로 지목한 소설의 공개적인 비판에 불안했을 게 분명합니다. 자기는 항상 정의롭고 공정한 편에서 있다고 우기면서 말이지요.

허균이 살았던 400년 전의 조선과 비교하면 현재의 우리는 엄청나게 정의롭고 공정한 사회에서 살고 있습니다. 하지만 갖가지 이유로 자행되는 차별과 불공정은 아직도 우리 사회 곳곳에 깊이 도사리고 있습니다. 혹 이런 저런 핑계로 정의롭지 못한 편에서 세상과 은근슬쩍 타협해 묻어가고 있는 것은 아닌지 자문해 볼 일입니다. 저 역시도 마찬가지입니다. 작은 불편함을 이유로, 질서라는 이유로, 부당함에 눈을 감고 기득권에 어물쩍 영합하고 있는 것은 아닌지 돌아볼 일입니다.

부처님이 살았던 시대는 《홍길동전》을 지은 허균이 살았던 시대보다 계급의 구분과 차별의 정도가 더욱 심했습니다. 베다, 우파니샤드, 힌두교의 온갖 신과 제사장을 위한 수많은 규칙들이 혼재한 그 시대에 부처님은 당시 신분제도에 정면으로 맞서는 가르침들을 설파하셨습니다. 그리고 가장 민감한 문제였던 여성 수행자의 출가까지 허락하셨으니, 홍길동보다도 훨씬 더 개혁적입니다. 그러니 허균이 살았던 조선 관료들의 눈으로 본다면 신분의 차별뿐 아니라 남녀의 차별까지 혁파하

며 인간의 평등성을 부르짖은 부처님은 당대의 혁명가
였을 게 자명합니다.

과거 인도의 여성들은 남성의 부속물에 불과했습니
다. 그러한 상황을 잘 말해주는 이야기가 있습니다. 부
처님 재세 당시의 이야기입니다.

젊고 아름다운 수바(Subha) 비구니가 지와카 망고숲
에서 선정을 닦고 있었습니다. 어느 날 귀족인 한 바라
문이 수바 비구니에게 다가와 이렇게 말하였습니다.

"당신은 얼굴이 참 예쁘군요. 내 작은 부인으로 들이
겠으니 나를 따라 오시오."

그러자 수바 비구니가 그 남자에게 물었습니다.

"내 얼굴 어디가 그렇게 예쁜가요?"

남자가 빙그레 웃으며 말했습니다.

"당신의 눈은 어린 사슴과 같고 산속의 요정과 같소.
당신의 눈은 연꽃 봉우리 같이 청초하고 빛납니다."

치열한 수행으로 이미 육신의 허망함을 깨달았던 수
바 비구니는 순간의 머뭇거림도 없이 자신의 눈을 후벼
파내어 그 남자에게 주었습다. 그리고 이렇게 말했다고
합니다.

"여기 이 눈을 가져가시오."

참혹한 순간입니다. 이 대목에서 수바 비구니의 굳건한 의지와 뛰어난 수행력에 감탄할 수도 있겠지만 수바비구니가 이렇게밖에 할 수 없었던 당시 시대상황을 생각해 볼 필요가 있습니다. 수바 비구니는 자신의 모습을 흉측하게 만들어서라도 수행을 이어가고 싶었던 겁니다. 그러한 행동이 그 남자의 요구를 거절할 수 있는 유일한 방법이었던 겁니다. 상상만 해도 끔찍한 장면입니다.

이 이야기를 통해 당시에 여성이 수행자로 살아간다는 게 얼마나 힘든 일이었는지를 엿볼 수 있습니다. 그 당시 길거리에 있는 여성은 말이 사람이었지 남성의 부속물과 같은 가치를 지닌 존재였습니다.

왕족이었던 고타마 싯다르타 태자가 길을 나서자 이를 부러워하는 여성들이 이렇게 노래를 했다고 합니다.

"저렇게 훌륭한 아버지를 둔 딸은 얼마나 행복할까, 저렇게 훌륭한 남편을 둔 부인은 얼마나 행복할까, 저렇게 훌륭한 아들을 둔 어머니는 얼마나 행복할까?"

남자에 따라 행복이 결정되었던 그 시대 여성들의

마음을 잘 말해주는 노래입니다. 앞서 설명했듯이 여성의 출가를 허락하신 부처님께서는 당시의 힌두교 율법에 따른 질서에 가장 강력하게 도전했던 분입니다. 그 어떠한 종교나 사상가도 하지 못한 일을 단번에 하셨습니다. 여성 출가자의 공식적인 허락은 당시로서는 목숨을 잃을만한 일대 사건이었습니다. 하지만 부처님은 그들의 질서를 거부하고 당신의 교단에 여성을 평등한 수행자로 받아들이셨습니다. "남자가 계율을 지키고 선정을 닦고 지혜를 터득하면 완전한 열반에 도달할 수 있듯이 여자도 계율을 지키고 선정을 닦고 지혜를 터득하면 완전한 열반에 도달할 수 있다"고 선언하셨습니다.

사람의 가치는 그의 성별이나 피부색깔, 출신 집안이나 가진 재산으로 결정되는 것이 아니라 그의 행위에 따라 결정되는 것입니다.

"항구적인 평화와 행복한 세상 만들기는 인류의 과제!"
2019만해축전 중 8월 12일 인제군 하늘내린센터에서 열린
제23회 만해대상 시상식에서 법어를 하다.

"덕분에 복직했습니다!"
불교 등 종교계의 도움으로 12년 만에 복직이 확정된 KTX 해고 승무원들이
2018년 10월 8일 총무원장 원행 스님을 예방해 기념사진을 찍다.

2019년 11월 5일 금정총림 범어사 '신중도' 환수 고불식을 봉행하다.

사람마다의 성품에 깃든 참다운 부처님
곳곳에 모습 나타내고 광명을 드러내니
온 세상 온 우주에 부처님이 가득하네
비구름 해를 가려도 빛을 잃은 적 없듯이
사람 중 부처 아닌 사람 찾을 수가 없다네

한가함이
필요한 시대

《법화경》에서 말씀하신 부처님의 성품입니다. 모두가 부처 아닌 존재가 없다는 말씀입니다. 사람 사는 세상이 곧 부처님 세상이지만 다만 사람들의 탐욕과 어리석음에 가려 본래 성품이 드러나지 않을 뿐입니다. 태양이 빛을 잃은 적 없듯이 사람 또한 불성이 드러나지 않았을 뿐 불성을 잃은 적은 없습니다. 그러한 불성을 드러내지 못하면 사람은 서로에게 고통을 줍니다.

몇 해 전 우연히 전남 고흥의 어느 한적한 시골 마을을 취재하여 소개하는 현장 다큐멘터리를 보았습니다. 지극히 평화롭고 따분하다 싶을 정도의 고요가 느껴지는 마을입니다. 그 마을도 여느 농촌과 다를 바 없이 젊은이들은 없고 십여 가구 노인들만 살아가고 있었습니다.

서로가 의지해야만 외롭지 않을뿐더러 서로 도우면 힘든 일도 척척할 수 있다는 마음으로 서로 돕고 도움을 받으니 어르신들은 이웃이 아니라 가족같이 보였습니다. 주민들 모두가 웬만큼 친한 형제들보다도 더 우애 있게 지내시는데 그렇게 사람 사는 냄새가 가득한 동네이니 재밌고 괴이한 일도 일어납니다.

하루는 앞집과 뒷집으로 이웃한 두 할머니께서 언성을 높이고 다투고 있습니다. 시청자가 보기엔 재미있어 보이지만 두 분의 언쟁은 진지하고 금세 큰일이 날것처럼 아슬아슬해 보입니다. 두 할머니는 자못 심각하다 못해 언성만이 아니라 곧 몸싸움이라도 벌일 태세입니다. 결국 몸싸움은 일어나지 않았지만 다른 할머니들의 중재도 소용이 없고 서로의 말을 들을 생각도 없이 막무가내로 본인들 주장만 앞세웁니다.

"내가 살면서 그동안 저 할망구가 저렇게 답답한 줄 몰랐당께."

"어이쿠야 저 할망구가 내가 받아야 할 돈을 주지 않고 저렇게 오리발을 내밀면서 되레 나한테 돈을 내놓으라 하니 환장할 노릇이당께."

"나는 분명히 만 원을 줬고 거스름돈으로 오천 원을 받아야 허는디 오천 원은 줄 생각도 안 허고 돈을 받은 적이 없다고 오천 원을 계속 내놓으라고 날만 새면 우리 집에 와서 악을 쓰니 내가 미쳐불겄당께."

"지비가 언제 나한테 돈을 줬다고 그래? 사람 그렇게 안 봤는디 아주 도둑 심보네 그랴."

"오메오메 미쳐불겄네. 내 속을 이렇게나 긁어분다요. 참말로 속을 뒤집어서 보여줄 수도 없고 어째야 쓸랑가 모르겄네."

"하여튼 나는 지비한테 분명히 만 원을 줬응께 아무 소리 말고 오천 원을 나한테 갖고 오소. 나는 꼭 거스름돈 오천 원을 받아야 쓸랑께."

두 분의 다툼은 명확한 증거 제시 없이는 도저히 해결될 기미가 보이지 않습니다.

방송국 PD가 한 할머니께 무엇 때문에 이렇게 크게 다투시냐고 설명해주실 것을 청하니 먼저 만 원을 주셨다는 할머니께서 답하십니다.

"내가 올 가을에 서울 사는 딸이 내려왔다가 다시 올라가는 길에 고추를 좀 싸서 줄려고 챙겼는데 내가 가지고 있는 고추 양이 적지 뭐요. 해서 옆집 할망구 한테 오천 원 어치를 부탁해 샀고 돈은 딸이 용돈으로 준 것이 있어서 그 다음날 바로 오천 원짜리가 없어서 만 원을 줬제. 그 만 원을 둔 장소가 전화기 밑이었고 그 전화기 밑에서 빼내어 건네주었는데 저 할망구는 계속해서 안 받았다고만 우겨대니 아마 노망이 나도 단단히 난 것 같구만. 이럴 때 우기기만 하면 어찌해야 할지…. 되레 돈을 받아야 할 사람은 나라고 하니 말이 안 나온당께. 기가 맥혀 죽겠네 방송국 양반."

그러자 PD가 중재에 나섭니다.

"할머니 그럼 어떻게 해야 이 문제를 해결해 다시 예전처럼 친하게 지낼 수 있을까요?"

그러자 그 할머니가 답합니다.

"그러면 저 할망구하고 나랑 함께 읍내로 가서 컴퓨터에 한번 넣어봅시다. 요새는 컴퓨터에 넣으면 무엇이든지 싹 다 나와분다고 헝께 간단할 거 같구만…."

텔레비전을 보면서 한동안 웃느라 힘이 빠질 지경이었습니다. 순진한 할머니들의 모습이 절집에 가끔 나타나는 천진도인을 떠오르게 합니다.

절집에는 세상사를 정말 몰라서인지 일부러 세상사

를 피하려는 것인지, 여하튼 세상물정 나 몰라라 하며 그저 아이처럼 해맑은 얼굴로 마냥 사람들을 편안하고 따뜻하게 보듬어주는 도인들이 가끔 계십니다. 그런 도 인들의 몸과 마음엔 욕심이 없습니다. 그러니 시비에 걸릴 일도 없습니다.

하지만 텔레비전 속 천진한 두 할머니는 확고한 믿음 으로 언쟁을 그치지 않았습니다. 끝내 방송에선 두 분 의 싸움에 대한 결론을 보지 못했습니다. 저 정도 상황 이면 두 분 모두 당신의 신념과 관념에 사로잡혀 증좌 가 드러나기 전까지는 절대 양보할 수 없어 보입니다. 설령 증좌가 드러나도 자존심 때문에 인정하지 않을 겁니다. 주변 분들이 소통하도록, 한 발씩 양보하도록 도와주면 그나마 풀릴 희망이 있어 보입니다.

이론이나 방법에 물들지 않고 배움도 모두 끊겨 하릴 없이 한가한 사람을 우리 불가에서는 '한도인閑道人'이라 고 합니다. 두 분 할머니의 극단적 대립을 지켜보며 한 편으론 한도인이 생각납니다. 두 분이 하릴없이 한가했 다면 저리 다투지 않았을 것이고 으르렁대지 않았을 겁니다. 더도 말고 딱 한 발자국만 떨어져 있으면 "그려 그게 뭣이라고. 내각 착각한 것 같으니 마음 푸소" 하면서 넘어갈 일입니다.

"그래, 내가 틀렸을 수도 있어!"

아무리 확고한 믿음이고 올바른 지식이라 해도 상대에게는 넘볼 수 없는 빗장이나 자신을 위협하는 칼날처럼 느껴질 수 있습니다. 그러니 상대가 움츠려들거나 거부하는 반응을 보인다면 옳건 그르건 따지지 말고 과감하게 자신의 믿음과 지식을 내려놓을 필요가 있습니다. 상대를 존중하고, 상대와의 관계를 조화롭게 유지하기를 바란다면 말입니다.

만약 상대를 불편하게 하면서까지 믿음과 지식을 고수한다면, 그건 상대방을 가볍게 여기고 무시하는 태도입니다. 삶은 사람 사이의 관계로 형성되는 것입니다. 사람 사이의 관계가 틀어지면 고통스러운 삶이고, 평안하면 행복한 삶입니다. 그러니 믿음과 지식을 앞세워 사람 사이의 관계를 틀어지게 해서는 안 됩니다. 그건 스스로 고통스러운 삶을 초래하는 어리석은 선택입니다.

"그래, 내가 잘못 안 것일 수도 있지!"

이 한마디면 됩니다. 옳고 그름을 내려놓고 천진한 아이처럼 함박웃음을 지으면 됩니다. 사람과 사람 사이를 아름답게 하는 묘약은 그런 해맑은 웃음이지 수많은 지식이나 확고한 신념이 아닙니다. 한가한 여유는 정다운 친구와 쏟아내는 수다스러운 이야기 속에 있지 웅장한 연설이나 논리적인 토론에 있는 것이 아닙니다.

'한가한 도인'이라고 표현하니 뭔가 특별한 사람 같지만 자신의 한 생각 당장 내려놓을 줄 알면 그가 한가한 도인입니다. 이런 한가함이 이 시대에 꼭 필요합니다.

너무 빡빡하게 살지 맙시다. 플라스틱처럼 경직된 표정과 긴장된 몸짓은 자신에게도 타인에게도 그다지 쓸모가 없습니다. 그러니 얼굴에도 어깨에도 힘을 좀 빼고 사람을 만납시다. 모든 행동에 꼭 이유가 필요한 것은 아닙니다. 눈이 마주친 사람에게 마냥 환한 미소를 보이고, 처음 만난 사람에게 깊이 허리도 숙여봅시다. 삶의 여유는 바로 거기에서 시작됩니다.

날마다 하는 일 다른 것이 없고
오직 나를 짝하면서 지내는 것이지요
그 무엇도 집착하거나 버릴 것 아니기에
맘에 들고 어긋난 자리 그 어디에도 없네
높고 낮은 벼슬자리 누가 붙인 이름인가
언덕에도 산에도 티끌 하나 찾을 수 없네
신통과 묘용이 뭐냐고 물으신다면
그저 물 긷고 나무하는 것이지요

日日事無別 惟吾自偶諧
頭頭非取捨 處處勿張乖
朱紫誰爲號 丘山絶塵埃
神通幷妙用 運水及搬柴

나라가
망하지 않는 법

당나라 때 방 거사龐居士라는 분이 계셨습니다. 그는 대대로 관리를 지낸 명문가 집안 출신입니다. 세속을 훌쩍 벗어나 홀로 자유롭게 살아가는 삶을 꿈꾸었던 방 거사는 석두희천石頭希遷(700~791)선사의 명성을 듣고 찾아가 대뜸 이렇게 물었습니다.

"그 누구와도 어울리지 않는다면 그는 도대체 어떤 사람입니까?"

질문이 끝나기 무섭게 석두선사의 몽둥이가 날아왔습니다. 방 거사는 그 몽둥이를 맞고 깨달은 바가 있었습니다. 그래서 아무 말 없이 물러나 석두선사 회상에 머물렀습니다. 그러던 어느 날 석두선사가 물었습니다.

"자네는 나를 만난 이후로 무슨 일을 하며 하루를 보내는가?"

방 거사가 대답하였습니다.

"날마다 뭘 하느냐고 물으신다면 딱히 드릴 말씀이 없습니다."

그리고는 앞에서 소개한 이 게송을 지어 석두선사에게 올렸다고 합니다. 집착과 망상을 말끔히 털어버린 자의 맑고 투명한 일상을 참으로 소박하게 잘 표현한 시입니다. 어디 물 긷고 나무하는 것뿐이겠습니까. 가고 서고 앉고 눕고 밥을 먹고 잠을 자는 일상의 행위 하나하나가 모두 신비하고 오묘한 법신의 작용이었을 것입니다. 집착을 버린 삶, 망상이 사라진 삶은 이처럼 맑고 깨끗하며 경쾌합니다.

부처님께서 일러주신 열반의 길, 선사들께서 깨우치신 해탈의 길은 멀리 있는 것이 아니라 바로 우리의 일상에 있습니다. 또한 물 긷고 나무하는 것이 방 거사에게 수행이었듯이, 진리로 나아가는 수행은 각자 자신이 맡은 일을 올바르게 실천하는 가운데 있습니다. 도道가 만사萬事에 있다면 나라를 통치하는 정치도 만사 중 하나이니, 정치에도 분명 부처님과 선사들께서 열어 보인

열반과 해탈의 길이 있을 것이며, 진리를 실천하고 구현하는 올바른 수행의 과정이 있을 것입니다. 과연 무엇이 올바른 정치의 길일까요?

기원전 230년경 "군주는 법法과 술術로써 나라를 통치해야 한다"고 주장한 중국의 한비자韓非子 사상과 서양의 마키아벨리즘(Machiavellism)은 너무나 많이 닮아 있습니다.

한비자는 "군주가 국가를 통치하는 데 있어서 백성을 대할 때는 우선 법률을 제시하고 부차적으로 통치의 기술을 보여주어야 한다"고 하였습니다. 더 나아가 백성뿐만 아니라 아내와 자식, 나아가 신하까지도 경계해야 한다는 의견을 제시합니다. 아마도 군주의 강력한 통치력을 바탕으로 한 국가 운영론을 말하는 듯합니다.

마키아벨리는 《군주론》에서 "군주는 나라를 지키는 일에 최선을 다함은 물론이지만 미덕만으로는 지키기 어려우니 때로는 배신하고 잔인함을 보일 줄도 알아야 하며, 인성을 가려서 써야 하고, 종교적 신앙심도 때로는 포기해야 한다"고 말합니다. 또한 운명과 상황을 파악하여 임기응변으로 대처해야 하고 필요할 때에는 사악해져야 한다고도 주문합니다. 자신의 정권을 유지하려면 술수도 필요하다는 것이지요.

또 하나의 통치술로 유명한 것이 카우틸랴가 쓴 고대 인도의 '아르타샤스트라(arthasastra)'라는 《실리론》입니다. 한비자나 마키아벨리가 군주가 행하여야 하는 의무나 멀리하고 경계해야 할 것을 강조했다면 《실리론》의 내용은 공리주의功利主義 인생관을 바탕으로 군주의 입장에서 어떻게 영토를 확장하여야 국왕의 이익이 증대되는가를 주요 문제로 다룹니다.

동서양을 대표하는 정치이론가들이 군주와 국가 혹은 권력 경영론을 두고 나름 이렇게 그 길을 제시하고 있습니다. 그렇다면 부처님께서 군주들에게 제시한 열반과 해탈의 길, 올바른 정치의 길은 무엇일까요? 부처님의 통치론, 국가운영론을 엿볼 수 있는 가르침이 《열반경涅槃經》에 나옵니다. 《열반경》은 부처님께서 반열반에 드시기 전 1년여 동안의 가르침을 기록한 경전입니다.

부처님께서 죽음을 앞두고 마지막 유행遊行을 떠날

무렵, 당대의 강국이었던 마갈타국摩竭陀國(인도 북동부의 고대국가, 도읍지는 왕사성)의 군주 아자타사트루 왕이 대신을 보내 물었습니다.

"제가 지금 밧지족을 치려고 하는데 이 전쟁에서 승리할 수 있겠습니까?"

그러자 부처님께서 고개를 돌려 곁에 있던 아난에게 넌지시 물으셨습니다.

"아난아! 밧지족 사람들은 자주 모임을 갖고 서로 의논하며, 그 결정된 사항을 몸소 행하고 있는가?"

"예, 세존이시여. 밧지족 사람들은 지금도 부처님께서 말씀하신 그 가르침을 그대로 잘 지키고 있습니다."

"만약에 그렇게 자주 소통하며 모임을 갖고, 서로 의논하고, 그 결과를 몸소 행한다면 그 나라는 번영할지언정 결코 패망하지는 않을 것이다."

부처님께서 다시 아난에게 물으셨습니다.

"아난아! 밧지족 사람들은 임금과 신하가 서로 존경하고 위와 아래가 서로 화합하는가?"

"예, 세존이시여. 밧지족 사람들은 지금도 부처님께서 말씀하신 그대로 서로 존경하며 서로를 자랑스러워하고 하고 있습니다."

"만약에 그와 같이 법을 행하고 있다면 그 나라는 번영할지언정 결코 패망하지 않을 것이다."

부처님께서 또 아난에게 물으셨습니다.

"아난아! 밧지족 사람들은 법을 잘 지키고 예의를 잘 지키는가?"

"예, 세존이시여. 밧지족 사람들은 지금도 부처님께서 말씀하신 법을 지키고 예의를 행하고 있습니다."

"만약에 이 법을 행하고 있다면 그 나라는 번영할지언정 결코 패망하지 않을 것이다."

부처님께서 아난에게 또 물으셨습니다.

"아난아! 밧지족 사람들은 부모에게 효도하고 어른을 공경하는가?"

"예, 세존이시여. 밧지족 사람들은 지금도 부처님께서 말씀하신 그대로 부모님께 효도하고 어른을 공경하고 있습니다."

"만약에 이 법을 행하고 있다면 그 나라는 번영할지언정 결코 패망하지 않을 것이다."

부처님께서 아난에게 또 물으셨습니다.

"아난아! 밧지족 사람들은 조상을 공경하고 사당에서 제사를 법도에 맞게 잘 지내는가?"

"예, 세존이시여. 밧지족 사람들은 지금도 부처님께
서 말씀하신 그대로 행하고 있습니다."

"만약에 이 법을 행하고 있다면 그 나라는 번영할지
언정 결코 패망하지 않을 것이다."

부처님께서 아난에게 또 물으셨습니다.

"아난아! 밧지족 사람들은 양가의 아녀자를 함부로
대하지 않고 여자들이 음탕하지 않고 정숙하는가?"

"예, 세존이시여. 밧지족 사람들은 지금도 부처님께
서 말씀하신대로 그와 같이 행하고 있습니다."

"만약에 위와 같이 법을 행하고 있다면 그 나라는
번영할지언정 결코 패망하지 않을 것이다."

부처님께서 아난에게 또 물으셨습니다.

"아난아! 밧지족 사람들은 계행이 청정한 수행자들
을 공경하며 그들에게 공양을 올리고, 그들을 잘 보호
하는가?"

"예, 세존이시여. 밧지족 사람들은 지금도 부처님께
서 말씀하신 그대로 잘 행하고 있습니다."

"만약에 이 법을 행하고 있다면 그 나라는 번영할지
언정 결코 패망하지 않을 것이다."

부처님과 아난의 대화를 곁에서 들은 마갈타국의 대

신은 곧 자리에서 일어나 부처님께 예를 표하면서 말하였습니다.

"부처님, 그 일곱 가지 가운데에 하나라도 지켜진다면 그 나라는 번영할지언정 패망하지는 않을 것입니다. 그런데 하물며 일곱 가지를 다 지킨다고 하니 말해 무엇하겠습니까. 비록 밧지족이 마갈타국에 비해 작은 나라이긴 하지만 결코 쉽게 패망시킬 수 없을 것입니다. 마갈타국이 밧지족으로 쳐들어가 전쟁을 하는 일은 없을 것입니다."

2,600년 전 부처님께서 설하신 나라가 망하지 않는 법은 지금 이 시대에도 변함없이 유효합니다. 부처님의 가르침대로 정치를 행하는 나라는 분명 국정이 안정되고 경제가 풍요로울 것이며 풍속이 온화하고 복지가 충만할 것입니다. 그런 나라에서 사는 국민은 행복하고 사회공동체는 단단히 결속될 것입니다.

국민 모두가 행복한 나라, 그런 나라를 꿈꾸는 정치인이라면 술수를 배우기에 앞서 부처님의 가르침을 한번쯤 깊이 새겼으면 합니다. 만약 부처님의 가르침을 실천하는 정치인이 있다면 그가 걷는 정치의 길이 곧 열반과 해탈의 길이요, 그가 행하는 정치적 행위가 곧 진리를 구현하는 수행이 될 것입니다.

2019년 3·1운동 100주년을 앞두고 문재인 대통령 초청으로 청와대에서 7대 종단 대표 초청 오찬 간담회를 가졌다. 천주교 김희중 대주교, 한국기독교교회협의회 총무 이홍정 목사, 원불교 오도철 교정원장, 천도교 이정희 교령, 민족종교협의회 박우균 회장, 김영근 성균관장 등과 함께 참석하다.

이미 모든 욕심과 집착을 떠나
근심도 없고 기쁨도 없나니
마음이 비어서 깨끗하면
진리를 보고 열반에 들어가며
은혜와 사랑의 그물을 끊어 없애면
영원히 고요하고 안락하리라

한 걸음씩 나아갑시다

부처님께서 수닷타 장자에게 깨달은 이의 완전한 행복을 게송으로 들려주신 말씀입니다. 세상사에는 항상 삼독三毒과 분별심이 존재하며 나와 상대를 비교하는 버릇이 있습니다. 다음 일화는 이러한 중생계를 잘 말해주는 것 같아 소개합니다.

그 옛날 숲속의 모든 동물들이 함께 모여 회의를 열었습니다. 한 동물이 제안했습니다.

"여러분 우리도 이제는 어엿하게 동물공동체를 이루었으니 공동체 일원으로서 함께 책무와 권리를 갖고 살아갈 수 있도록 왕을 뽑아 숲에서 생활하는 모든 동물들이 편하게 지낼 수 있도록 합시다."

동참한 동물들은 일제히 환영하면서 만장일치로 왕을 추대하기로 합니다.

우선 왕이 될 동물은 힘이 세야 하고 용맹스러워야 한다며 호랑이를 추천합니다. 적격이라 판단해 모두 호랑이가 왕이 되는 것에 동조하려는 찰나 누군가 이의를 제기하였습니다.

"호랑이는 땅에서만 그렇지 하늘을 날지는 못합니다. 그러니 하늘을 어떻게 다스릴 수 있겠습니까?"

그러자 모든 동물이 그 말에 동의하며 하늘도 날고 땅에서도 걸을 수 있는 독수리를 왕으로 추천합니다. 그렇게 해서 독수리를 왕으로 추대하려고 하는데 또 다른 동물이 이의를 제기합니다.

"독수리가 물에서는 헤엄을 못 치는데 그럼 물속의 동물이나 생물들은 어떻게 다스립니까?"

그러자 다시 동물들이 맞장구를 칩니다. 그럼 물속에서 헤엄을 잘 치는 동물을 왕으로 뽑아야 한다고 말하자 대뜸 고래를 추천합니다. 고래야 말로 힘도 세고 용감하고 헤엄도 잘 치니 문제가 없을 것이라며 고래를 왕으로 추대하기로 의견을 모읍니다. 그러자 또 다시 고래는 안 된다며 이의를 제기합니다.

"고래는 날지도 못하고 육지에서 걷지도 못하는데 어떻게 모든 동물들을 보살필 수 있겠소?"

듣고 보니 고래도 자격미달입니다. 그렇다면 어떤 동물을 왕으로 뽑아야 적합할까요? 땅에서도 걸을 수 있고 하늘을 날 수도 있고 물에서도 자유자재로 헤엄칠 수 있는 동물이라야 할 것입니다. 그래서 모든 조건에 부합하는 동물을 추대했습니다. 다름 아닌 오리입니다. 그리하여 오리를 왕으로 뽑았다고 합니다.

한갓 우화이니 한바탕 웃고 지나칠 수도 있겠지만 돌이켜보면 이 시대를 살고 있는 우리들의 모습과 비슷하다는 생각도 듭니다. 이것저것 다 따지다 결국 오리를 왕으로 뽑은 동물들처럼 완벽을 추구하는 사람들에게는 의외로 허점투성이가 많습니다. 하지만 완벽을 추구하는 이들은 자신들의 허점을 잘 인정하지 않습니다. 그래서 스스로를 망치고 많은 이들을 불편하게 하는 경우가 있습니다. 나름 이것저것 고려해 오리를 왕으로 뽑았지만 그 오리는 과연 왕 노릇을 잘 할 수 있었을까요? 이것저것 따지고 이 말 저 말 하기 좋아하는 자들이 그득했으니, 아마 곧 "너무 느리다" "덩치도 작고 힘이 없다" "뒤뚱뒤뚱 걷는 모습이 왕으로서 품격이 없다"는 둥 온갖 문제점을 제기했을 것입니다.

'완벽'이란 이상일 뿐입니다. 열 사람 입에 다 맛있는 음식은 세상에 없습니다. 어느 한구석이 남보다 뛰어나면 꼭 어느 한구석은 남보다 못한 게 사람입니다. 그러니 망치 필요한 곳에 망치를 쓰고, 끌이 필요한 곳에 끌을 쓰듯이, 공동체는 특정한 문제가 닥쳤을 때 그 문제를 해결할 능력이 남보다 뛰어난 자를 선택해 임무를 맡기면 되는 것입니다. 그렇게 각자가 적재적소에서 재능을 발휘할 수 있도록 서로 협력하고 노력한다면 개인은 완벽하지 못해도 그 공동체는 완벽에 가까워질 수 있을 것입니다.

허균의 《한정록閑情錄》에 보면 "일은 완벽하게 끝을 보려하지 말고, 세력은 끝까지 의지하지 말고, 말은 끝까지 다하지 말고, 복은 끝까지 다 누리지 말라"는 격언이 나옵니다. 결국 적당히 자제하라는 의미로 받아들여집니다. 적당한 수준에서 조절하고 멈추라는 의미겠지요. 지혜로운 사람이라면 반드시 절제의 미덕을 갖춰야 합니다. 그래야 끝이 좋습니다.

　매사 겪는 일에서도 마찬가지입니다. 지나친 것은 모자란 것만 못하다 했습니다. 자기 마음에 쏙 들 때까지 지나치게 집착하고 열중하는 것은 도리어 부작용을 일으킬 수 있고, 또 일의 효율성도 저하시킵니다. 왜냐하면 해야 할 일이 그것만 있는 것은 아니기 때문입니다. 한 가지 일을 완벽하게 하려다가 두 가지 세 가지 일을 망친다면 어리석은 선택일 것입니다.

　'적당히 하라'는 말은 '알맞게 하라'는 말이지 '얼렁뚱땅하라'는 말이 아니고 '대충 하다가 그만두라'는 말은 더더욱 아닙니다. 상추 한 포기 고추 한 그루도 정성을 들이지 않으면 제대로 키울 수 없습니다. 게다가 중도에 그만두면 결과물은 기대조차 할 수 없습니다. 제 이야기는 욕심이 앞서 너무 완벽하게 하려다가 도리어 결과를 그르쳐서는 안 된다는 것입니다.

　'적당히 하라'는 말은 능력껏 최선을 다하라는 말입니다. 그것이면 됩니다. 그 결과가 설령 다른 이의 눈높이에 조금 모자란다 할지라도 그리 책잡힐 일은 아닙니다. 과정에서 최선을 다했기 때문입니다. 이런 삶의 태도가 오히려 자기 능력의 한계를 인정하지 않고 부득부득 고집을 부리면서 일의 진척을 방해하고 다른 사람에게까지 피해를 주는 것보다는 훨씬 낫습니다. 자신의 능력을 과대평가하면 독단을 부리게 되고, 결과에 지나치게 집착하는 강박은 자신도 주변도 피곤하게 만듭니다.

한 걸음에 태산을 오를 수는 없습니다. 그러니 오늘은 오늘 할 수 있는 만큼만 하고, 부족한 부분은 내일을 기약하며 살아가는 이가 현명한 사람입니다. 오늘 그 일을 할 능력이 없다고 영원히 그 일을 못하는 사람은 없습니다. 능력은 노력한 만큼 늘어나기 마련입니다. 그러니 설령 뜻대로 되지 않는 일이 있더라도 포기하거나 좌절할 것이 없습니다. 이런 태도로 한 걸음씩 나아간다면 오르지 못할 산이 어디에 있겠습니까?

글만으로 세상을 잘 사는 방법을 배울 수는 없습니다. 성자들의 말씀이나 선현들의 책은 지침이 될 뿐입니다. 지식은 책 속에 있지만 지혜는 삶 속에 있습니다. 책은 하루 저녁에 한 권을 다 읽을 수 있지만 삶의 여정은 70년 80년에 걸쳐 펼쳐집니다. 따라서 지식은 하루 저녁에 쌓을 수 있지만 지혜는 결코 단숨에 터득할 수 없습니다.

또한 경험이 뒷받침되지 않은 지식은 매우 위험합니

다. 옛말에 "무식한 도깨비는 부적도 무서워할 줄 모른다"고 하고, "하룻강아지 범 무서운 줄 모른다"고 했습니다. 몇 줄 읽은 글로 마치 세상사 다 안 것처럼 행동하는 것은 철부지 어린아이나 하는 짓입니다. 그러니 아무리 많은 지식을 갖췄다 해도 항상 겸허한 자세로 먼저 살아본 이들에게서 배워야만 합니다. 그러니 번뜩이는 총명함보다 오히려 묵묵히 한 걸음씩 나아가는 우직함을 소중히 여길 줄 아는 사람, 그런 사람이 바로 현명한 사람입니다.

오늘 딱 한 걸음만 나아갑시다. 그것이면 됩니다. 그다음 걸음은 내일 걸으면 됩니다. 자신을 성장시키는 일도, 자신을 변화시키는 일도, 타인을 사랑하는 일도, 세상을 변화시키는 일도 마찬가지입니다. 도중에 포기하거나 목표를 망각하지만 않으면 그렇게 쌓인 한 걸음이 결국 우리를 목적지로 이끌 것입니다.

시냇가 한가로운 집에 홀로 사니
하얀 달 맑은 바람 흥겨움 넉넉하네
바깥손님 오지 않고 산새만 지저귀니
대숲 아래 자리 옮겨 누워서 글을 읽네

臨溪茅屋獨閑居 月白風淸興有餘
外客不來山鳥語 移床竹塢臥看書

두 번째 화살은 피해야 합니다

고려의 충신 야은冶隱 길재吉再(1353~1419) 선생의 노래
입니다. 그러나 인간사 어디 그렇습니까? 일상에서 삼
독三毒이 춤을 추느라 정신이 없는 게 사바세계의 모습
입니다. 아름답고 자비로운 성품을 어떻게 하면 활짝
드러낼 수 있을까요?

탐욕과 분노와 어리석음이라는 삼독을 걷어내려면
먼저 부처님께서 삼독을 경계하신 까닭부터 알아야 합
니다. 왜 삼독을 걷어내야 하는가? 부처님께서 항상 이
와 같이 말씀하셨습니다.

"탐욕과 분노와 어리석음은 고통이요, 고통의 뿌리이
다. 그러니 탐욕과 분노와 어리석음을 뽑아버리고, 잘

라버리고, 태워버리고, 두 번 다시 발생하지 않도록 완전히 파괴하라."

그러니 먼저 삼독이 고통과 불행의 뿌리임을 분명히 알아야 합니다. 그런 다음 본격적으로 삼독을 제거하기 위해 노력해야 합니다. 탐욕과 분노와 어리석음을 하나하나 다스려나갈 수도 있겠지만, 사실 어리석음만 제거하면 탐욕과 분노는 저절로 사라집니다. 왜냐하면 탐욕과 분노는 어리석음이라는 기초 위에 세워진 두 기둥과 같기 때문입니다. 기초를 흔들면 기둥도 흔들리고, 기초를 허물어버리면 기둥도 무너지게 됩니다. 그래서 무엇보다 어리석음을 제거하기 위해 노력해야 합니다.

그렇다면 무엇이 어리석음일까요? 고통은 크게 육체적 고통과 정신적 고통 두 가지로 나눌 수 있습니다. 춥고 배고프거나 병과 피로로 몸이 아픈 것은 육체적 고통입니다. 이런 고통은 밥을 먹고 옷을 입거나, 약을 먹거나 쉬면 쉽게 사라집니다. 문제가 되는 것은 정신적인 고통 즉, 마음의 고통입니다. 마음의 고통은 쉽게 사라지지 않고, 처방도 분명치 않으며, 그 갈피조차 쉽게 잡히지 않습니다. 이런 마음의 고통을 제거할 비방을 일러주신 분이 바로 부처님입니다.

마음의 고통이란 근심과 슬픔, 두려움과 번민 등을 말합니다. 요동치는 감정을 느끼고 혼란한 생각을 하고 있는 주체를 '나'라고 하고, 그런 감정과 생각을 경험하는 주체인 '나'는 시간의 변화에 상관없이 존재한다고 여깁니다. 이것이 어리석음입니다.

부처님께서는 근심과 슬픔도 두려움과 번민도 모두 인연 따라 일어난 감정과 생각일 뿐이지, 그 감정과 생각을 경험하거나 발생시킨 주체인 '나'는 없다고 가르쳐 주셨습니다. 인연 따라 생겨난 것은 인연이 바뀌면 얼마든지 소멸할 수 있는 것이니, 이미 발생한 감정과 생각을 붙잡고 왈가왈부할 필요가 없다는 뜻입니다.

참으로 소중한 가르침입니다. 중생들은 막연하게 "내가 느끼고, 내가 생각하고, 내가 경험한다"고 여기지만 느끼고 생각하고 경험하는 그 '나'는 소재처도 일정한 특성도 찾을 수 없습니다. 감정과 생각이 일어나는 과정을 찬찬히 관찰해보면 사실 보고, 듣고, 냄새 맡고, 맛보고, 만져보는 과정을 거쳐서 발생한 것입니다.

이럴 때 중생들은 또 "내가 보고, 내가 듣고, 내가 냄새를 맡고, 내가 맛보고, 내가 느꼈다"고 합니다. 이것이 어리석음입니다. 인식이 일어나는 과정을 찬찬히 관찰해보면 눈이 빛깔을 만나 '본다'고 하고, 귀가 소리를 만나 '듣는다'고 하고, 코가 냄새를 만나 '맡는다'고 하고, 혀가 음식을 만나 '맛본다'고 하고, 피부가 거칠고 부드러운 촉감을 만나 '느낀다'고 하는 것입니다. 인식은 이런 일련의 과정을 거쳐 발생하는 것이지 '나'라는 특정한 그 무엇이 따로 있어서 거기서 발생하는 것이 아닙니다.

이를 줄여서 말하면 '인연 따라 생각과 감정이 일어난다'는 것입니다. 여기에는 꼭 꼬집어 지적할만한 '나'라는 것이 없습니다. 하지만 중생들은 입만 열었다 하면 '나'라고 합니다. '나'라는 단어를 떼어내고는 별로 할 말도 없습니다. 정말 그렇습니다. '나'는 어리석음의 산물입니다. 그러니 깨달음을 통해 어리석음을 제거하면 '나'라는 단어를 떼어냈을 때 나타나는 현상처럼 별로 할 말이 없고, 별로 생각할 것도 없습니다.

눈으로 어떤 빛깔을 보면 '마음에 든다' 또는 '마음에 들지 않는다'는 감정이 일어납니다. 이는 의지나 생각으로 통제할 수 없는 영역입니다. 수억 겁 세월에 쌓인 유전자의 정보를 가지고 인간으로 태어난 이상 어쩔 수 없이 일어납니다. 마찬가지로 귀로 소리를 듣고,

코로 냄새를 맡고, 혀로 음식을 맛보고, 피부로 감촉을 느꼈을 때도 '마음에 든다' 또는 '마음에 들지 않는다'는 감정이 일어납니다. 이것 역시 의지나 생각으로 통제할 수 없는 영역입니다. 그리고 사실 이것이 우리의 삶을 고통스럽게 하거나 혼란스럽게 하는 문젯거리가 되는 것은 아닙니다.

문제는 그 다음 과정에서 벌어집니다. 지혜로운 사람은 그것들이 마음에 들건 마음에 들지 않건 그다지 상관하지 않습니다. 왜냐하면 인연 따라 그런 감정이나 생각이 일어났을 뿐임을 알고, 인연 따라 얼마든지 변할 수 있다는 것을 알고, 가만히 두어도 오래 유지되지 못한다는 것을 알고, 세력이 다하면 저절로 사라진다는 것을 알기 때문입니다. 표현을 달리 하면 "그 감정과 생각에 '나'라는 것이 끼어들 자리가 없다"는 것을 알기 때문입니다. 그래서 집착을 일으키지 않습니다.

하지만 경험의 주체인 '나'가 있다고 여기는 사람은 그렇게 발생한 감정과 생각을 가만히 내버려두지 않습니다. 왜냐하면 그 일이 '나에게 일어났다'고 여기기 때문입니다. 나의 일이니 그냥 흘려보낼 수가 없는 것입니다. 그래서 마음에 들면 애착을 일으키고, 마음에 들지 않으면 혐오를 일으킵니다. 다시 다음 과정으로 넘어가 애착하는 대상은 어떻게든 소유하려고 들고, 혐오하는 대상은 어떻게든 제거하려고 듭니다.

어느 집 담장에 빨간 장미가 핀 것을 보고 지혜로운 사람은 "눈과 빨간 색깔 등 여러 가지 인연이 화합하여 '본다'는 작용이 일어났다"는 것을 알아차립니다. 하지만 어리석은 사람은 "내가 장미를 보았다"고 합니다. 그런 다음에는 지혜로운 사람도 '아, 참 예쁘구나' 하는 감정을 일으키고, 어리석은 사람도 '아, 참 예쁘구나' 하는 감정을 일으킵니다. 이 과정은 똑같이 일어납니다. 하지만 그 다음은 천지 차이로 다릅니다. 지혜로운 사람은 '본다'는 것이 인연의 산물이고, 보는 작용에서 일어난 감정 역시 인연의 산물임을 알기에 크게 집착하지 않습니다. 왜냐하면 끝없이 일렁이는 인연의 물결은 끝내 붙잡아둘 수 없다는 것을 잘 알기 때문입니다.

하지만 어리석은 사람은 '내 마음에 드는 장미' 곁을 떠나지 못합니다. 한 번 봐서 좋은 것은 또 보고 싶고, 두고두고 보기 위해 내 것으로 만들려고 시도합니다. 즉 장미를 꺾어 내 손아귀에 쥐어야 성이 풀립니다. 어리석은 사람이 이런 일련의 행동을 이어가는 까닭은 장미를 보는 주체인 '나'가 따로 있다고 여기기 때문이고, 예쁘다는 감정을 느낀 '나'가 따로 있다고 여기기 때문이고, 보고 또 보면서 좋아할 '나'가 따로 있다고 여기기 때문입니다. 문제는 여기에서 발생합니다.

육근을 갖춘 인간으로 태어난 이상 보고 듣고 냄새 맡고 맛보고 느끼는 일은 필연적으로 일어납니다. 보고 듣고 냄새 맡고 맛보고 느끼고 나면 '마음에 든다'거나 '마음에 들지 않는다'는 감정이 일어납니다. 이런 감정은 화살처럼 심장에 박혀 번민과 고통의 시발점이 됩니다. 하지만 이런 감정 자체가 일어나지 않게 하기란 사실 불가능합니다. 이런 감정은 아주 깊이 축적된 경험을 바탕으로 발생하기 때문입니다. 그래서 지혜로운 사람도 이 화살만큼은 쉽게 피할 수가 없습니다. 하지만 지혜로운 사람은 그 다음 화살은 피합니다. '마음에 든다'는 감정도 '마음에 들지 않는다'는 감정도 인연 따라 일어난 것임을 알아차립니다. 그래서 애착하거나 혐오하지 않고, 소유하거나 제거하려 애쓰지 않습니다. 그런 사람에게 번민과 고뇌는 뒤따르지 않습니다.

그러나 어리석은 사람은 첫 번째 화살에서 그치지 않습니다. '나는 저 장미를 사랑한다'며 애착하고, '나는 저 장미를 가지고 싶다'며 갈구하고, '내가 가지려면 어떻게 해야 할까' 하며 번민하고, 슬그머니 손을 내밀어 뚝 꺾는 죄를 짓고, 그러다 주인에게 들켜 망신을 당하고, 물끄러미 돌아서면서 '내가 왜 그랬을까' 후회하고, 시간이 지나서도 불쾌함을 떨치지 못합니다. 어떻습니까? 어리석은 사람은 몇 번의 화살을 맞았을까요?

인간으로 태어난 이상 첫 번째 화살은 어쩔 수 없습니다. 하지만 두 번째 세 번째 화살은 피해야 합니다. 부처님께서 《잡아함경雜阿含經》에서 지혜로운 사람에 대해 이렇게 말씀하셨습니다.

> 지혜로운 사람이라고
> 고락苦樂을 느끼지 못하는 것은 아니다
> 오히려 우둔한 범부들보다
> 그러한 사실을 더 잘 깨달아 안다
> 다만 즐거움을 알아도 함부로 하지 않고
> 괴로움에 부딪혀도 근심을 더하지 않으며
> 괴로움과 즐거움을 함께 모두 버려
> 고락을 따르지도 않고 거부하지도 않을 뿐이다

그러니 지혜로운 사람이 되어야 합니다. 첫 번째 화살은 맞았더라도 두 번째 화살은 피합시다. 두 번째 화살을 맞았더라도 세 번째 네 번째 화살은 피해야 합니다.

마음이 아프고 머리가 복잡할 때 '누가 아파하고, 누가 고뇌하는 걸까?' 하고 얼른 되물읍시다. 그리고 아파하는 '나'가 따로 없고, 고뇌하는 '나'가 따로 없다는 것을 얼른 알아차립니다. 그렇게 한다면 아프지 않은 '나'가 되려고 애쓸 일도 없고, 고뇌하지 않는 '나'가 되려고 애쓸 일도 없습니다. 이도 저도 애쓸 일이 없으면 이미 마음이 편안한 것입니다.

2020년 3월 18일 부처님오신날을 앞두고
천태종 총무원장 문덕 스님, 진각종 통리원장 회성 정사, 관음종 총무원장 홍파 스님,
태고종 총무원장 호명 스님 등과 함께 코로나19 위기 극복을 위해
올해 봉축을 한 달 연기하기로 했음을 공표하고 있다.

잠깐 개었다가 비 오고 비 오다 다시 개니
하늘도 그러하거늘 하물며 세상의 정이랴
나를 칭찬하는가 했더니 다시 나를 비방하고
이름을 피한다면서 도리어 이름을 구하네
피고 지는 저 꽃들 봄이 어찌 상관하랴
구름이 가건 오건 산은 다투지 않는다네
세상 사람들아! 이 말을 꼭 기억하게
평생 즐거운 곳 어디에도 없다오

乍晴乍雨雨還晴 天道猶然況世情
譽我便是還毀我 逃名却自爲求名
花開花謝春何管 雲去雲來山不爭
寄語世人須記認 取歡無處得平生

청정한 삶

조선 초기 학자이자 시인인 매월당梅月堂 김시습金時習 (1435~1493)의 〈개었다 비 오다(乍晴乍雨)〉라는 작품입니다. 이 시에는 덧없는 인간세상을 벗어나 걸림 없이 살고픈 김시습의 마음이 잘 표현되어 있습니다.

청정한 삶이란 어떤 것일까요? 김시습이 노래한 시구처럼 피고 지는 꽃들을 무심히 바라보는 삶, 구름이 오고 구름이 가건 상관하지 않는 산봉우리처럼 세상사 다투지 않고 초연히 살아가는 삶이 아닐까 싶습니다.

김시습이 이런 시를 지은 배경에는 당시의 어지럽던 시대상도 한몫했으리라 짐작합니다. 세조가 조카인 단종의 왕위를 차지하고, 후환이 두려워 그 어린 조카를 죽이기까지 하였으니, 당시 절개를 목숨처럼 여겼던 선비라면 누구라도 비분강개하였을 것입니다. 결국 김시습은 수양대군首陽大君이 정권을 장악했다는 소식을 듣고 출가하여 스님이 되었고, 법명을 설잠雪岑이라 하였습니다.

불가의 역사에서 세상의 영욕뿐 아니라 삶과 죽음마저 초연히 벗어나 구름처럼 바람처럼 맑고 깨끗하게 살다 가신 분들이 수없이 많습니다. 그 가운데 중국 남북조시대 때 진나라 구마라집鳩摩羅什법사의 제자인 승조법사僧肇法師(384~414)가 계셨습니다. 그는 서른 남짓의 젊은 나이에 형장의 이슬로 사라지면서 이런 게송을 남겼습니다.

사대는 본래 주인이 없고
오온은 본래 공한 것이니
칼날이 내 머리를 자르는 것
봄바람을 베는 것에 불과하지
四大元無主 五蘊本來空
將頭臨白刃 恰似斬春風

승조법사가 사형을 당한 이유는 당시 황제의 명을 어겼기 때문입니다. 인품과 학식이 매우 뛰어났던 승조법사에게 후진後秦의 황제 요흥姚興이 조정에서 벼슬을 살아달라고 간청합니다.

"스님께서 환속하여 재상이 되었으면 합니다. 그리하여 천하를 요순시대堯舜時代로 만들어 백성을 편안하게 하면 어떻겠소?"

스님은 일언지하一言之下에 거절합니다. 다시 청하자 또 거절합니다.

"일국의 재상이 되는 것도 모두 꿈속의 일입니다. 저는 위없이 높은 대도를 얻어 일체중생을 구제하는 것이 소원이니, 제발 저를 오라 가라 하지 마시옵소서."

황제가 아무리 청해도 듣지 않자 화가 난 나머지 법사를 옥에 가두고 "거절하면 목을 치겠다"고 협박을 합니다. 그럼에도 법사는 막무가내로 거절합니다.

황제는 법사를 다른 나라에서 데려가면 큰 인재를 잃어 나라에 해가 될 것을 두려워한 나머지 이번엔 정말로 죽이려 합니다. 그러자 승조법사는 꼭 죽이겠다면 이레 동안의 말미를 달라고 청합니다. 그런 뒤 붓과 종이를 청해 글을 썼는데 이것이 그 유명한 《보장록寶藏

錄》입니다. 그리고는 제 발로 형장으로 나아가 '임종게
臨終偈'를 남기고 초연히 열반에 들었다고 합니다.

우리나라에도 이와 비슷한 이야기가 있습니다. 신라
의 자장율사慈藏律師(590~658) 이야기입니다. 자장율사
는 불연이 깊은 분입니다. 스님의 아버지는 진골 귀족으
로 진평왕 때 소판蘇判 벼슬을 지낸 김무림金茂林이란
분입니다. 그분이 늘그막까지 아들이 없자 아들을 낳으
면 출가시키겠노라 맹세하고 관음보살님께 지극 정성
으로 기도를 드렸답니다. 과연 기도의 효험으로 스님을
낳았는데, 태어난 날이 부처님과 같은 사월 초파일이
었습니다. 아버지는 이를 기이하게 여겨 아들의 이름을
선종랑善宗郎이라 짓습니다.

선종랑은 어려서부터 심지가 맑고 영특했습니다. 그
러다 부모님이 일찍 세상을 떠나자 인생의 무상함을 깨
닫고는 수행자의 길로 들어섭니다. 그는 자기 소유의
땅과 농장을 보시해 원녕사元寧寺라는 절을 짓고 홀로
깊은 산속에서 고골관枯骨觀을 닦습니다. 고골관이란
말 그대로 백골을 앞에 놓고 관찰함으로써 제행무상을
깨닫고 헛된 욕망을 떨쳐버리는 수행법입니다.

수행에 전념하고 있을 때 나라에 마침 대신 자리가

2019년 4월 2일 불교중앙박물관에서 열린 '나한' 테마전시회에서
화엄사 주지 덕문 스님 등과 함께 전시관의 나한을 관람하다.

비자 임금인 선덕여왕善德女王이 자장을 불러 '태보台
輔'라는 벼슬을 살라고 권유합니다. 왕은 만약 벼슬에
나오지 않으면 목을 베겠다고 협박까지 합니다. 그러나
이미 출가사문으로 살기를 다짐한 자장은 이 제안을
거절하며 이렇게 답합니다.

> 내 차라리 계戒를 지키고 하루를 살지언정
> 계를 깨뜨리고 백년을 살기를 원하지 않는다
> 吾寧一日持戒而死 不願百年破戒而生

  수행자의 결기가 서린 말씀입니다. 앞서 거론했던 승
조법사와 아주 흡사한 상황입니다. 그러자 선덕여왕은
더는 강요하지 않고 그의 진심을 알았기에 출가의 길을
허락하게 됩니다.
  자장율사와 승조법사의 이야기에서 볼 수 있듯이 출
가자의 삶은 세속의 영욕과 거리를 두는 것에서 시작
합니다. 부귀와 영화에 관심을 두거나 권력자를 가까이
하는 것은 출가자 본연의 모습이라고 할 수 없습니다.
불가의 이런 전통은 기나긴 세월에 걸쳐 지금까지도 면
면히 이어지고 있습니다.

물론 출가자의 삶을 살아야만 부처님의 가르침을 온전히 깨닫고 실천할 수 있다고 주장하는 것은 아닙니다. 누구건, 어디에서 살건, 어떤 모습으로 살건, 무엇을 하며 살건, 능히 탐욕과 분노와 어리석음을 떨쳐버린다면 그가 곧 부처님이고, 그가 선 자리가 곧 극락이며, 그의 모습이 곧 32상 80종호이고, 그가 하는 일이 곧 신통자재한 불사이겠지요. 정말 그럴 수만 있다면 어디에서 무엇을 하며 살건 그의 삶은 청정한 삶이라 할 것입니다.

하지만 인간의 욕망과 분노와 어리석음은 참으로 무섭습니다. 결코 쉽게 극복할 수 있는 것도 아닙니다. 헤아릴 수 없는 아득한 세월에 걸쳐 쌓인 삼독의 에너지는 잠깐만 빈틈을 보여도 송두리째 삼켜버릴 만큼 어마어마한 힘을 가지고 있습니다.

여름철에 된장 그릇을 밖에 두면 순식간에 파리가 들끓듯이 대부분의 중생들은 욕망의 대상이 나타나면 귀신처럼 알아차리고 달라붙습니다. 그래서 욕망의 대상과 일정한 거리를 유지하는 것입니다. 욕망의 대상을 가까이 두고도 달려들지 않기란 쉽지가 않습니다. 욕망의 대상과 일정한 거리를 유지할 의지도 없는 사람이 과연 욕망의 대상을 가까이하면서 욕망에 물들지 않을 수 있을까요? 실로 불가능한 일입니다. 그래서 출가의 길을 선택하는 것입니다. 탐욕의 대상과 일정한 거리를 두면서 이를 이겨낼 수 있는 계율과 선정과 지혜의 힘을 기르는 것이지요. 이것을 두고 출가자의 청정한 삶이라고 합니다.

하지만 출가자의 삶을 산다고 해서 저절로 청정해지는 것은 아닙니다. 세속을 벗어나 살아가는 까닭은 어쩌면 진실로 청정해지기 위해 노력하기 위해서이고, 그 노력을 실천하기에 숲이라는 공간이 적절하기 때문일 것입니다. 그러니 출가자는 청정해지려고 노력하는 사람이지 이미 청정한 사람은 아닙니다.

또한 숲에 산다는 것은 욕망을 억제하는 것이지 욕망이 사라진 것은 아닙니다. 욕망은 억누른다고 없어지지 않습니다. 눌러둔 것은 누르던 것이 제거되면 스프링처럼 다시 튀어오릅니다. 욕망을 억누르는 것이 아니라 진실로 욕망을 없애고자 한다면 반드시 욕망이 무엇인지를 깨달아야 합니다.

욕망이 덧없다는 것을 깨달아야 하고, 그 욕망이 '나'라는 터무니없는 집착에서 비롯되었음을 깨달아야 하

고, '나'라는 집착이 인연 따라 생멸하는 허망한 한 생
각에 지나지 않음을 깨달아야 합니다.

깨달으려면 어떻게 해야 할까요?

나옹선사懶翁禪師께서는 이렇게 말씀하셨습니다.

"생각이 일어나고 생각이 사라지는 것을 생사라고
하나니, 생사의 순간순간에 힘을 다해 화두를 들면 된
다. 화두가 순일해지면 생각이 일어나고 사라지는 것
자체가 사라진다. 이렇게 일어나고 사라짐이 없어진 그
자리를 공적空寂이라 한다. 공적 가운데 화두가 없으면
이를 일러 무기無記라 하고, 공적 중에서도 화두가 어둡
지 않으면 이를 신령함이라 한다. 이렇게 텅 비고 고요
하면서도 신령스럽게 아는 것은 결코 무너지지 않으며,
이것은 삿되고 잡된 것도 아니다. 이와 같이 쉼 없이 공
부해 나가면 그대도 머지않아 성취하게 될 것이다."

2019년 5월 5일 부처님오신날을 축하하는 연등회 전통문화한마당에서
아기부처님을 관욕하다.

밥 먹는 데 고기는 없어도 되지만
사는 곳에 대나무가 없으면 안 되지
고기가 없으면 사람이 야위지만
대나무가 없으면 사람이 속되게 된다네
야윈 사람은 살을 찌울 수 있지만
속된 선비는 고칠 수가 없다오
사람들은 이 말을 비웃으며
고상하다 못해 어리석다고 하지만
대나무 마주하고 배불리 먹을 수 있다면
세상에 어찌 양주학이라는 말이 나왔겠는가

可使食無肉 不可居無竹 無肉令人瘦 無竹令人俗
人瘦尙可肥 士俗不可醫 傍人笑此言 似高還似癡
若對此君仍大嚼 世間那有楊州鶴

어떻게 살고 계신가요

송나라 소동파蘇東坡(1036~1101)가 지은 〈어잠승녹균헌
於潛僧綠筠軒〉이란 시입니다. 소동파는 이 시에서 대나
무에 비유하여 세속의 욕망을 떨쳐버리고 군자의 기개
를 잃지 않으려는 뜻을 표현했습니다.

삶은 선택의 연속입니다. 삶에서 봉착하는 갈림길은
그 종류가 수없이 많습니다. 소동파는 그 가운데서 군
자의 길과 부귀영화의 길을 들어 자신이 선택한 삶의
길을 표명하고 있습니다.

군자의 길은 외롭고 고단합니다. 겉으로야 '사람이면
마땅히 그래야 하지 않겠냐'고 찬양하지만, 사실 많은
사람들이 속으로 비웃는 것이 군자의 길입니다. 군자

의 길은 손해보고 살아가는 삶입니다. 성현들의 가르침에 따라 양보하고, 베풀고, 용서하며 살아가면 다들 뒤돌아서서 말합니다. "고상한 척하네. 참, 바보 같은 짓하네." 군자의 길이란 본래 그렇습니다. '바보'라는 손가락질을 감내할 용기가 없다면 쉽게 선택할 수 없을 것입니다.

군자의 삶을 살면서 동시에 부귀영화를 누릴 수는 없을까요?

'양주학楊州鶴'이라는 고사가 있습니다.

옛날에 젊은 선비 네 명이 각자 소원을 말하게 되었답니다. 첫 번째 선비는 풍요롭고 아름다운 고장인 양주의 자사가 되고 싶다고 했습니다. 두 번째 선비는 억만금을 가진 부자가 되고 싶다고 했습니다. 세 번째 선비는 세상 부귀영화 다 버리고 신선이 되어 학을 타고 하늘에 오르고 싶다 했습니다. 차례로 자신의 소원을 말하고 네 번째 선비에게 물었습니다.

"당신은 소원이 뭡니까?"

그랬더니 그 사람이 말했답니다.

"나는 억만금을 허리에 두르고 신선이 되어 학을 타고서 양주자사로 부임하면 좋겠소."

사람의 욕심은 끝이 없습니다. 누구나 부유하면서 명예까지 얻고 거기에다 출세간의 행복까지 누리기를 바라지만 그 욕심은 본래 채워질 수 없는 것입니다.

두 길을 동시에 걸을 수는 없습니다. 소동파가 말한 '군자의 길'은 '종교인의 길'이라는 말로 바꾸어도 무방하리라 생각합니다. 부와 명예를 추구하면 올바른 종교인의 삶을 살 수 없습니다. 그 길을 올곧게 걷자면 가난과 외로움은 선택이 아니라 필수라는 생각이 듭니다. 점점 세속화되어가는 현대 종교의 양상에서 가장 경계할 부분이 이 점이 아닐까 생각합니다.

군자의 길을 선택한 소동파는 선가禪家의 수행자를 연상케 합니다. 그의 삶은 천재 시인으로, 뛰어난 서예가로, 화가로 부족함이 없이 종횡무진하였지만 정치에서는 좌천과 유배가 늘 함께 따라 다녔습니다. 그런 굴곡진 삶에도 불구하고 굽힐줄 몰랐던 그의 절개는 그가 그리도 사랑했던 대나무와 참 많이 닮았습니다.

종교인의 길, 양심의 길은 외롭고 험난합니다. 세상 사람들이 알아주기는커녕 뒤처진 자, 무능한 자, 바보 같은 자로 손가락질하기 십상입니다. 스스로 부끄럽지 않은 삶을 살기 위해 스스로 선택한 길이지만 이런 비

백만원력결집 불사에 매진하고 있는 교육원장 진우 스님, 포교원장 지홍 스님 등
조계종 중앙종무기관 스님 및 불자들과 함께하다.

난과 비웃음 앞에서 자괴감을 느끼지 않기란 또한 쉽지 않은 일입니다. 군자의 길을 선택했던 소동파도 마찬가지였습니다. 굴곡진 자신의 삶을 자조하고 희화화戲畵化한 시가 있어 소개해봅니다.

사람들은 자식들이 총명하길 바라지만
나는 총명해서 일생을 그르쳤네
내 소원은 우리 아이가 어리석고 미련해
아무런 탈 없이 공경대부까지 되는 것
人皆養子望聰明 我被聰明誤一生
惟願孩兒愚且魯 無災無難到公卿

〈세아희작洗兒戲作〉이라는 제목의 시입니다. 재미있기도 하고 한편으로는 씁쓸한 마음이 들기도 합니다. 부모로서 사랑하는 자식에게 "너는 나처럼 힘들게 살지 말거라"고 말한 소동파의 심정이 어떠했을까요? 물질문명은 크게 발달했다지만 소동파가 살았던 세상이나 지금 우리가 사는 세상 물정과 인심은 그리 많이 변한 것 같지 않습니다. 너무 똑똑하고, 너무 깨끗하고, 너무 양심적이면 도리어 살기 어려운 세상이니 말입니다.

간간이 자괴감에 휘둘려 넋두리처럼 이런 시를 읊기도 하였지만 소동파는 평생 진리를 추구하고 실천하는 삶에서 벗어나지 않았습니다. 유불선儒佛仙을 두루 섭렵하고, 특히 불교의 선사상禪思想에 조예가 깊었던 소동파는 내면의 심성心性을 특히나 중시했습니다. 그래서 지혜를 탐구하면서 소욕지족少欲知足의 이상을 추구했습니다. 영욕榮辱에 초연했던 그의 삶과 작품들은 속박에서 벗어나 정신의 자유로움을 추구하는 많은 사람들에게 긴 세월에 걸쳐 깊은 영감을 주었습니다.

천한 사람이 부귀를 만나면 모양새가 사나워집니다. 권력을 만나면 다른 사람을 해하고 아픔을 줍니다. 돈과 명예와 지위로 세속의 즐거움으로 삼고 매 순간 만족하지 못하고 헐뜯고 비방하며 시샘을 내기 때문입니다. 이러한 관료들의 행태에서 소동파는 인간의 추악한 욕망을 보았고, 그 욕망으로부터 멀리멀리 벗어나고자 하였습니다. 그리고 그 길을 불교의 선禪에서 찾았습니다.

그는 인생무상을 몸소 경험했고, 잠깐의 입신출세 동안 인간들의 군상에서 환멸도 체험했습니다. 그런 와중에 출가한 고승高僧들에게서 걸림 없는 자유를 보게 된 겁니다. 선사들의 삶은 소동파에게 무한한 부러

움을 줍니다. 수행자들의 배포와 여유를 누리는 정신
세계, 평상심平常心이 온몸 온 마음에 와 닿습니다. '배
고프면 밥을 먹고 피곤하면 누워서 잔다'는 지극히 평
범한 일상의 가르침을 대하면서 피로하고 불안했던 그
의 마음도 안정되었습니다.

그가 동림상총東林常總(1025~1091)과 불인요원佛印了
元(1032~1098) 등 당대의 고명한 선승들과 교류했던 일
들은 선가에 널리 알려진 이야기입니다. 희대의 명작으
로 손꼽히는 〈적벽부赤壁賦〉 역시 선禪을 체험하지 못
했다면 결코 탄생하지 못했을 것입니다.

세속의 헛됨을 깨달았던 소동파가 자연에 은거했던
도연명陶淵明을 그리워하며 〈음주飮酒〉라는 시 20수를
읊었습니다. 그중에 제1수는 다음과 같습니다.

나는 도연명만 못하여
항상 세속 일에 얽매여 살아가네
어찌해야 한 번이라도 여유로움 가지고
그와 같은 생활을 할 수 있을까
조그만 밭이지만 잡초가 없으니
살기 좋은 곳이란 바로 이곳이네

마음 내키는 대로 일을 처리해도
닥치는 일마다 더는 의심할 것 없고
더러 술에 취하는 즐거움도 있어
빈 술잔도 늘 가지고 다닌다네

我不如陶生 世事纏綿之

云何得一適 亦有如生時

寸田無莉棘 佳處正在玆

縱心與事往 所遇無復疑

偶得酒中趣 空杯亦常持

　어떻게 사는 것이 행복한 삶일까요? 무엇을 성취하기 위해 사는 사람은 그 무엇이 성취되기 전에는 그다지 행복해하지 않습니다. 그 무엇을 위해 달음질하는 이 순간, 그는 자신의 뜻대로 되지 않으면 어쩌나 조바심을 내고, 반드시 그렇게 되어야 한다며 자신을 다그칩니다. 무엇을 위해 사는 사람의 현재는 실로 불안과 강박의 연속입니다. 그에게 행복은 늘 지금 여기가 아니라 미래 어딘가에 있습니다. 그런 삶을 과연 행복하다고 할 수 있을까요?

　맹자孟子는 "부모님 모두 살아계시고 형제들에게 아

무 탈 없는 것이 첫 번째 행복이다" 하였습니다. 만약
두 손 두 발 멀쩡하고, 콧구멍 두 개 막히지 않아 숨 쉬
는데 지장 없는 것만으로도 "다행이다"며 웃는 사람이
있다면, 그 사람이 바로 세상에서 가장 행복한 사람입
니다.

본래 텅 빈 자리, 그래서 욕심낼 것도 분노할 것도 원
망할 것도 아쉬울 것도 없는 자리, 소동파는 바로 이
자리를 깨달았기에 "빈 술잔 하나면 충분하다"며 소소
한 행복을 노래했던 것입니다.

소동파가 살던 시대에는 인터넷도 없고 백과사전도
없었습니다. 그런 1,000년 전 시대를 살았던 사람의 한
자락 노래가 과학과 문명이 찬란히 빛나는 현대에도 여
전히 가슴을 울리는 까닭은 무엇일까요? 예나 지금이
나 사람의 마음은 크게 달라지지 않았기 때문일 것입
니다.

많이 가져야 행복한 것이 아닙니다. 행복한 삶에는
그다지 많은 것이 필요치 않습니다. 또한 그것만이 나
를 행복하게 하는 것도 아닙니다. 나를 행복하게 하는
것들은 도처에 즐비합니다. 하지만 욕심에 눈이 멀면
아무리 가까이 있어도 보이지 않습니다. 정말 행복해지

고 싶다면, 무엇을 가지거나 무엇이 되려고 발버둥치기에 앞서 짊어진 무거운 짐을 내려놓듯 그 마음을 비워야 합니다.

지금 당신은 행복하신가요? 부처님께서는 늘 욕심을 버리고 분노를 잠재워야 그 빈자리에 열반涅槃의 행복이 깃든다고 말씀하셨습니다.

그런 마음으로 담담하게 돌아보면 측은한 마음, 자비로운 마음, 사랑하는 마음이 애쓰지 않아도 저절로 샘솟을 것입니다. 양보하는 마음, 이해하는 마음, 공정한 마음이 애쓰지 않아도 저절로 샘솟을 것입니다. 부드러운 말, 화합하는 말, 정직한 말이 애쓰지 않아도 저절로 흘러나올 것입니다. 나누는 행동, 도와주는 행동, 감싸는 행동이 애쓰지 않아도 저절로 펼쳐질 것입니다. 그렇게 텅 빈 자리에서 세상을 바라보고 말하고 행동하는 삶, 그런 삶에 행복은 애쓰지 않아도 저절로 찾아들 것입니다.

2019년 9월 2일,
2017년 남대서양에서 침몰한 스텔라데이지호 선원 유족들을 초청해 위로하다.

불교경전에 입문해서는
오계五戒가 설명되어 있는데
유교경전에서 말하는
인仁, 의義, 예禮, 지智, 신信의
오상五常과 완전히 일치합니다
결국 인이란 죽이지 말라는 계율과 일치하고
의는 훔치지 말라는 계율과 일치하고
예는 사악하지 말라는 계율과 일치하고
지는 음란하지 말라는 계율과 일치하고
신은 거짓말 하지 말라는 계율과 일치합니다

마음자리로
돌아갑시다

《안씨가훈顔氏家訓》이란 책이 있습니다. 그 책에 수록된 내용 가운데 한 대목을 소개하고자 합니다. 바로 귀심歸心입니다. 안씨 집안에서 '귀심'을 가훈으로 삼게 된 연원은 이렇습니다.

귀심歸心은 '불교의 가르침을 소홀히 하지 말라'는 의미입니다. 불교에서 말하는 과거, 현재, 미래의 삼세三世 인과율因果律의 가르침은 믿을만하고 그 근거도 확실하니, 그 가르침을 역대 조상님들께서 그러셨듯이 가훈으로 각인하고 받들어야 합니다. 우리 집안은 이전부터 대대로 불교에 귀의하여 삼보를 봉행하고 있으니 그 가르침을 소홀히 해서는 안 됩니다. 그 가르침의 미묘한 취지는 부처님의 말씀인 경經과 그 의미를 논증한 논論 그리고 계율을 기록한 율律 등 불교의 대장경에 자세하게 기록되어 있으므로 여기서 다시 논할 필요가 없으나 대략 몇 가지의 장점을 덧대어 말해 보겠습니다.

그렇다면 불교佛敎란 무엇일까요? 당초 불교의 사진四塵과 오음五蔭의 가르침은 객관과 주관의 세계를 분석하여 진여眞如의 모습을 발견하는 것입니다. 육주六舟(육바라밀)와 삼가三駕(삼승)의 가르침은 그것에 중생을 태우고 고통의 언덕에서 깨달음의 언덕으로 실어다 옮겨주는 것입니다. 이리하여 모든 현상의 모습이 텅 빈 것임을 깨닫게 해주고 수행의 문을 거쳐 참다운 존재로 나아가게 합니다.

그러한 논리의 확실함과 지혜의 방대함이 유가儒家의 육경六經과 논어論語나 제자백가諸子百家들의 넓은 사상과 어찌 비교나 할 수 있을까요? 또한 요임금과 순임금이나 주공 그리고 공자라도 어쩔 수 없는 경지가 있음이 분명합니다. 불교는 마음 안의 가르침을, 유교는 마음 밖의 가르침을 주니 원래는 하나의 가르침이라고도 할 수 있습니다. 단지 둘 사이에 맹아와 성숙, 깊고 얕음이 있을 뿐입니다.

불교경전에 입문해서는 오계五戒가 설명되어 있는데 유교경전에서 말하는 인仁, 의義, 예禮, 지智, 신信의 오상五常과 완전히 일치합니다. 결국 인이란 죽이지 말라는 계율과 일치하고, 의는 훔치지 말라는 계율과 일치하고, 예는 사악하지 말라는 계율과 일치하고, 지는 음란하지 말라는 계율과 일치하고, 신은 거짓말 하지 말라는 계율과 일치합니다.

다만 인간생활에서 수반되는 사냥, 전쟁, 잔치, 형벌 등은 백성들의 천성을 따르는 것이니 갑자기 없앨 수는 없을 것입니다. 하지만 나름대로 절도를 지켜야지 지나치게 영위해서는 안 될 일입니다. 탐욕하지 말고 어리석지 말아야 합니다. 주공과 공자의 가르침인 유교에만 귀의하고 불교의 가르침을 뒤로하면 너무나 어리석은 일일 것입니다.

《안씨가훈》은 중국 남북조시대를 살았던 안지추顔之推(531~591)라는 분이 후손들에게 남긴 교훈서입니다. 이 책에서 안지추는 가족들에게 집안 일 등에서 마땅히 해야 할 일과 삼가해야 할 것, 그리고 성인들의 가르침과 관직에 나가서는 어떻게 수신하며 임무를 다 해야 하는지를 솔직하고 쉽게 풀어서 전해주고 있습니다.

양나라 무제 3년(531)에 현재의 호북성湖北省 강릉현江陵縣 명문대가의 집에서 태어났던 그는 아홉 살 때 부친을 여의고 두 형의 보살핌으로 자랐습니다. 그는 어릴 적부터 총명하고 박학다식했으며 여러 서적을 탐독하여 그 이치를 확연히 깨달아 알았다고 합니다. 안지추가 살았던 중국의 남북조 시대는 역사상 분열과 대립이 가장 극심했던 시기입니다. 다툼과 전쟁, 갈등이 끊이지 않았습니다. 가뭄이 심하면 물을 찾는 이가 많아지듯 이 시기에 불교가 중국에서 크게 확대되었습니다.

중국에서 남북조 시대에 불교가 크게 성장했던 배경에는 여러 가지 이유가 있습니다. 중국에 불교가 유입된 시기는 후한後漢 명제明帝 무렵입니다. 하지만 외래 종교였던 불교는 유교儒敎와 도교道敎의 틈바구니에서 이단 취급을 받았습니다. 위진魏晉시대에 와서야 교단이 형성되고 조금씩 세력을 갖추게 되었지만 당시 중국의 불교에는 노장사상老莊思想이 깊이 혼재되어 있었습니다. 이후 남북조시대에 접어들어 인도의 승려들이 대거 중국으로 유입되어 부처님의 가르침을 전하고, 또 뛰어난 번역가들이 인도의 불경을 중국의 언어로 옮겼습니다. 이분들의 헌신적인 노력으로 부처님의 가르침은 드디어 중국 땅에 본격적으로 전파되었고, 이를 바탕으로 다양한 학파와 뛰어난 수행자들이 양산되어 중국의 불교가 꽃을 피우게 됩니다.

또한 이 시기에 불교가 크게 환영받았던 까닭 중 하나는 기존 유교와 도교가 사회를 이끄는 이념으로써 한계를 드러냈기 때문입니다. 한나라는 유교를 치국의 이념으로 삼았던 나라이고, 위와 진은 노장을 숭상했던 나라입니다. 하지만 그들의 이념은 태평성대를 구가하지 못하고 온 대륙이 사분오열하여 전란의 불길이 그치지 않는 지옥을 만들고 말았습니다. 이에 중국의 군주와 민중들은 혼란을 종식하고 평화로운 세상을 구현할 새로운 이념을 찾게 되었고 불교에서 그 해답을 발견했던 것입니다. 그래서 이 시기의 불교는 국왕이 앞장

서 불법을 보호하고 실천한 호국불교護國佛敎의 성격을
강하게 띠고 있습니다. 그 대표적인 인물로 거론되는
분이 양梁나라를 건국했던 무제武帝와 수隋나라를 건국
했던 문제文帝입니다. 하지만 불심천자佛心天子라는 칭
송이 자자했던 무제와 문제의 나라 역시 오래가지 못하
고 멸망하고 맙니다.

이 대목에서 생각해볼 부분이 있습니다. 한나라가
망한 것이 어찌 공자 탓이고, 위나라와 진나라가 망한
것이 어찌 노자와 장자 탓이고, 양나라와 수나라가 망
한 것이 어찌 부처님 탓이겠습니까? 가만히 생각해보
면 성현의 이름을 앞세워 자신들의 욕망을 채우려는
자들의 잘못이지 성현들의 가르침이야 무슨 차이가 있
을까 싶습니다.

안지추 선생도 저와 비슷한 생각을 하셨나 봅니다.
부처님께서 열반의 세계를 성취할 방법으로 일러주신
오계五戒가 공자께서 태평한 세상을 이룩할 방법으로
일러주신 오상五常과 어찌 다르겠습니까. 굳이 차이를
따지자면 부처님은 스스로의 마음가짐과 행동거지를
어떻게 변화시킬 것인가에 더욱 주목하시고, 공자님은
타인과의 관계에서 태도와 행동을 어떻게 변화시킬 것

인가를 강조하신 정도일 것입니다. 어찌 겉과 속이 다르겠습니까. 과일이나 사람이나 속이 익으면 겉으로 드러나기 마련입니다. 그러니 부처님이 가리키신 지향점이나 공자님이 가리키신 지향점이나 궁극에는 같은 것이 아닐까 싶습니다.

우리는 현재 다양한 종교가 허용된 사회 속에서 살고 있습니다. 서로 다른 복장에 행하는 의례도 다르고, 같은 한글을 사용하고 있음에도 불구하고 사용하는 단어에 특수함이 많아 서로의 생각을 이해하기 위해서는 제법 많은 시간이 필요합니다. 이런 상황에서 서로 다른 종교인들 간에 마찰이 일어나는 것을 가끔씩 목격하게 됩니다. 이는 매우 어리석은 행동입니다.

성현들의 흉내를 낼 것이 아니라 성현들의 마음자리로 돌아가야 합니다. 부처님과 공자님, 노자·장자와 예수님이 한자리에 모였다고 상상해봅시다. 그분들이 과연 누가 가장 훌륭한가를 두고 다툴까요? 종교를 앞세워 언성을 높이는 이들의 속내를 살펴보면, 자신의 세속적인 이익과 목적을 성취할 속셈으로 성현의 이름과 가르침을 빙자하는 경우가 수두룩합니다.

말은 앵무새도 따라할 수 있고, 흉내는 원숭이도 곧

잘 따라합니다. 남들이 흔히 사용하지 않는 특수한 단어들을 사용하고, 특이한 복장에 특정한 행동을 반복한다고 종교에 충실한 사람인 것은 아닙니다. 정말 중요한 것은 그런 말과 행동으로 성현들께서 인도하신 땅에 직접 닿는 것입니다. 불자라면 부처님과 보살님의 마음자리로 돌아가야 하고, 기독교인이라면 하나님과 예수님의 마음자리로 돌아가야 하고, 이슬람교인이라면 알라와 마호메트의 마음자리로 돌아가야 할 것입니다.

진실하고 평화롭고 따뜻한 성현들의 마음자리야 어찌 차이가 있겠습니까? 정말 그분들과 같은 마음이 된다면 현재 우리가 '종교'라는 이름으로 이웃과 경계를 지었던 담장은 당장에 허물어질 것입니다. 언어를 통일하거나 복장과 의례를 통일할 필요도 없습니다. 부처님이라 부르건 예수님이라 부르건 말이 뭐 그리 중요하겠습니까? 욕심내지 않고 양보하기는 부처님이나 예수님이나 공자님이나 매한가지셨고, 자신의 이익에만 골몰하지 않고 늘 이웃의 고통을 살피고 보살폈던 것은 불교도나 기독교나 이슬람교도나 매한가지였습니다.

만약 하나님의 마음자리로 돌아간 진실한 기독교인이 있다면 불교도인 저는 그분을 부처님이나 보살님이

라 부를 것입니다. 만약 제가 진실로 부처님의 마음자
리로 돌아간다면 기독교인은 그런 저를 두고 하나님이
나 예수님 같다고 할 것입니다. 각 종교의 성전을 부수
거나 통일할 필요도 없습니다. 기독교인이 진실로 하나
님의 마음자리로 돌아간다면 경전을 독송하고 참선하
는 법당이 곧 성스러운 교회가 될 것이며, 불교인이 진
실로 부처님의 마음자리로 돌아간다면 찬송가를 부르
며 예배하는 교회가 곧 청정한 도량이 될 것입니다. 그
러니 각자 믿고 따르는 성현의 마음자리로 돌아갑시다.
서로 이해하고 서로 양보하고 서로 사랑하는 인간 본연
의 아름다운 성품자리로 돌아간다면 '종교 간의 화해'
라는 말조차도 필요 없을 것입니다.

"스페인의 가톨릭 성당을 가다!"
한국종교지도자협의회 종교 지도자들은 2020년 2월 17일 스페인 가톨릭 총본산 톨레도 대
성당을 방문했다. 왼쪽부터 김희중 한국천주교주교회의 의장, 송범두 천도교 교령, 종교지도
자협의회 대표의장 원행 스님, 오도철 원불교 교정원장, 돈 후안 미겔 신부.

그가 행한 착한 공덕

과거에 지은 모든 악행을 압도했나니

이 세상에 밝은 빛을 남겼도다

마치 구름을 벗어난 달이 밝게 빛나듯이

아름다운 죽음

앙굴리말라가 죽었다는 소식을 듣고 부처님께서는 이
와 같이 게송을 읊었습니다. 앙굴리말라는 사도에 빠
져 99명의 목숨을 빼앗은 뒤 부처님마저 해치려다가 오
히려 부처님께 귀의한 뒤 자신의 사악한 행동을 참회하
고 아라한과阿羅漢果를 증득한 수행자였습니다.

탁발을 나갔다가 과거의 업연으로 자신이 죽인 사람
들의 가족들이 던진 돌멩이와 그들이 휘두른 막대기에
맞아 죽었습니다. 부처님은 앙굴리말라가 과거에 지은
공덕으로 수행자로서 삶을 회향했으니 그의 죽음을 구
름을 벗어난 달에 비유하면서 다시 밝게 빛나는 달과
같이 밝다고 찬탄합니다.

앙굴리말라의 죽음에 대해 한 번 더 생각하게 됩니다. 그렇다면 우리 불자님들은 죽음에 대해 어떻게 생각하고 계시나요? 인간은 죽음에서 벗어나기 위해 인류 태동 이후 끊임없이 노력해왔습니다. 그럼에도 죽음은 모든 사람에게 공평하게 다가옵니다. 죽음을 비켜 간 인간이나 생명체는 없었습니다. 특히 인간은 부처님 재세 이후에도, 인류과학이 정점에 이르러 지구촌 모든 곳을 살펴보고 있는 이 시간에도 불로장생을 위한 헛된 욕망으로 끊임없이 노력하고 있지만 죽음을 비켜 간 사람은 아무도 없습니다.

산 생명의 죽음은 명제이자 진리입니다. 이러한 자연의 이치를 거슬리려는 헛된 노력들은 앞서 언급했듯이 끊임없이 이어졌습니다. 수많은 권력자와 사이비 종교의 교주들이 결코 늙지 않고 죽지 않는다면서 사람들을 현혹했지만 죽지 않은 사람은 없었습니다. 불심 깊었던 안씨가훈의 한 자락 내용을 빌려 적절히 잘 살고 적절히 잘 죽을 줄 아는 삶은 무엇인가 살펴보겠습니다.

당시 폐해가 많았던 신선술神仙術에 대해 지적하고 비판한 《안씨가훈》의 가르침입니다.

신선술神仙術이란 것이 모두 거짓이라고 말할 수는 없다. 단지 수명은 하늘에 달려 있으므로 신선술이라 하더라도 그런 기회를 만나기란 여간 어렵다 하지 않을 수 없다. 사람이 세상을 살아가는 동안 여러 가지 일에 얽매어 뜻대로 되지 않는 경우가 허다하다. 어려서부터 벌써 부모의 생활을 보살피기 위해 부지런히 일하지 않으면 안 되는 사람도 있다. 어른이 되고 나서는 대부분의 사람들이 아내와 자식을 부양해야 하는 번거로움이 늘어나게 된다. 그리하여 입을 것, 먹을 것 등을 벌어야 하고 공적이든 개인적이든 많은 노동을 하지 않으면 안 된다. 인간의 삶이 바로 이러하기 때문에 멀리 떨어진 산속에 몸을 의지하여 세상의 시끄러움을 멀리하기를 바라지만 그렇게 할 수 있는 사람은 많은 사람들 중에 겨우 한두 사람에 불과하다.

연단술練丹術은 고대 중국의 도사가 부리던 기술 중 하나로 불로불사를 위한 신비의 기술이라고 한다. 진사 등의 금속에서 추출한 액상수은(丹)을 먹어서 불로불사의 신선이 되거나 비금속을 금으로 바꾸는 영약(仙丹)을 만드는 기술로, 그 목적은 늙지 않고 죽지 않는 것이다. 연단술에 들어가는 금이나 옥의 값, 풍로나 도구 등에 소요되는 비용은 가난한 사람이면 더더욱 감당하기 어렵고, 연단술 자체도 배우기가 어렵다. 그리하여 이것을 배우려는 사람은 소의 털처럼 많지만 성공하는 경우는 신령스런 기린의 뿔처럼 드물기만 하다.

이것을 신봉하여 사람들이 모여드는 신령스런 봉우리인 화산 밑에는 뜻을 얻지 못하고 죽은 사람들의 백골이 무성한 잡초처럼 흩어져있다고 말할 정도이다. 원래 신선술 따위는 성공할 리가 없는 짓이다. 사술에 불과하다. 불교 교리에 비추어 보더라도 가령 신선이 된다고 하더라도 결국에는 죽음을 비켜가지 못하고 세속의 세계를 떠나지 못하게 된다.

나는 너희들이 이런 일에 정신이 팔려 힘을 다 써버리는 것을 바라지 않는다. 그러니 정신을 아끼고 잘 기르며 호흡을 가지런히 하여 일어나고 누울 때는 절도를 지키고 춥거나 더운 날에는 날

씨에 적응하며 함부로 이것저것 먹지 않으며 약
도 적당히 먹으며 하늘로부터 주어진 수명을 온
전하게 누려서 젊어 한창 일할 나이에 세상을 마
치는 일이 없도록 하라. 이리한다면 나는 너희들
을 나무라지 않을 것이다.

그렇다면 아름다운 죽음이란 무엇일까요? 부처님께
서는 삶과 죽음에 대해 이렇게 말씀하셨습니다.

"제행무상諸行無常입니다. 제법무아諸法無我입니다.
열반적정涅槃寂靜입니다."

일체의 현상은 모두 생멸변화하는 제행무상, 만유의
모든 법은 인연으로 생긴 것으로 '나'라는 그릇된 집착
을 경계하는 제법무아, 생사가 윤회輪廻하는 고통에서
벗어난 이상의 경지인 열반적정의 진상을 말하고 있습
니다. 《본연경本緣經》에 나오는 재미난 이야기를 하나
들어보겠습니다.

옛날에 어느 부자가 네 명의 부인을 거느리고 살았
답니다. 첫째 부인은 첫날밤부터 소박을 놓았고, 둘째
부인은 조금 살다가 퇴박 놓았고, 셋째 부인은 항상 아

끼고 사랑하면서도 어디를 갈 때는 방에 가두어 두었고, 넷째 부인은 젊고 예뻤기 때문에 자나 깨나 항상 생활을 같이했답니다.

평생 부족함 없이 살던 그에게도 어느 날 죽을 때가 찾아왔습니다. 죽음의 문턱 앞에서 한없는 쓸쓸함과 외로움, 두려움이 밀려들었습니다. 부자는 항상 곁에 두고서 아꼈던 젊고 예쁜 넷째 부인에게 부탁했습니다.

"내가 갈 날이 얼마 남지 않은 듯하다. 네가 나와 함께 가겠느냐?"

한없는 사랑을 받기만 했던 넷째 부인은 정색을 하고 쏘아붙였습니다.

"별말씀을 다 하십니다. 내가 늙은 영감과 같이 산 것은 귀염 받고 호강하기 위해서였습니다. 이렇게 젊은 나이에 죽어서 같이 갈 수는 없지요."

부자는 하는 수 없이 셋째 부인에게 찾아가 부탁했습니다. 그러자 셋째 부인이 말했습니다.

"그동안 당신과 살면서 지긋지긋하게 구속당했지요. 외출할 때마다 깊은 곳에 처넣고 자물쇠로 잠가 갑갑하고 답답했지요. 이제 당신이 떠나고 나면 자유의 몸이니, 팔도강산 유람하며 맘껏 즐길 것입니다."

그래서 이번에는 둘째 부인에게 갔습니다. 둘째 부인은 한참 시큰둥한 표정을 짓다가 이내 말하였습니다.

"세상사람 보는 눈도 있고 그동안 함께 살아온 정도 있으니, 묘지까지는 함께 가겠습니다."

부자는 할 수 없이 마지막으로 첫째 부인을 찾아갔습니다. 긴 세월 외면하고 박대했던 첫째 부인은 늙고 초라한 행색으로 남편을 맞이했습니다.

"죽음의 길이 두렵기만 하구려. 나와 함께 가겠소?"

첫째 부인은 측은한 눈길로 남편을 한없이 바라보다가 이렇게 말했답니다.

"그동안 당신이 한 행동을 보아서는 다시 의논할 여지도 없지요. 하지만 남편을 따르는 게 아내의 운명이지요. 좋습니다. 당신과 함께 가겠습니다. 하지만 당신이 그동안 다른 여인만 아끼고 저를 돌보지 않은 탓에 보시다시피 제가 당신을 부축할 기운이 없습니다. 그러니 도리어 당신이 나를 부축하고 가야겠습니다."

이 이야기에서 넷째 부인은 이 몸을 비유한 것이고, 셋째 부인은 재물과 돈을 비유한 것이며, 둘째 부인은 부모형제와 일가친척을 비유한 것이고, 첫째 부인은 자신의 마음을 비유한 것입니다.

죽음 앞에서는 만사가 무위로 돌아갑니다. 한평생 애지중지했던 것들과 함께 죽음의 문턱을 넘을 수는 없습니다. 그 문턱을 넘는 것은 오직 마음뿐입니다. 그 마음을 돌보지 않은 사람은 초라한 몰골로 두려운 죽음을 맞이하고, 그 마음을 정성껏 돌본 사람은 당당한 모습으로 아름다운 죽음을 맞이하게 됩니다. 그러니 오래 살기를 바랄 것이 아니라 아름답게 죽을 수 있기를 바라야 합니다.

죽음 앞에서는 내가 가진 것들이 나에게 조금도 위로가 되지 않습니다. 보람이 되고 위로가 되는 것이 있다면 그동안 살면서 행한 선善뿐입니다.

"그래, 그때 그렇게 한 건 참 잘한 일이야!"

아름다운 삶의 궤적을 꿋꿋이 걸은 사람만이 아름다운 죽음을 맞이할 수 있습니다. 그래서 야운野雲 스님께서도 《자경문自警文》에서 말씀하셨습니다.

올 때 한 물건도 가져오지 않았고
갈 때도 역시 빈손으로 간다네
가졌던 그 무엇도 가져가지 못하고

오직 지은 업만 따라갈 뿐이라네

來無一物來 去亦空手去

萬般將不去 唯有業隨身

　오래 살기를 바랄 것이 아니라 아름답게 죽읍시다. 많은 것을 가지고 살기를 바랄 것이 아니라 아름답게 삽시다. 아름답게 살다가 아름답게 죽는 것, 이것이 성현들께서 일러주신 한결같은 가르침이 아닐까 싶습니다.

산이 높지 않아도 신선이 살면 명산이요
물이 깊지 않아도 용이 살면 신령한 물이네
이곳 비록 누추한 집이지만
나의 덕으로 향기롭기만 하네
계단을 타고 오르는 이끼가 푸릇푸릇
발 틈으로 스며드는 풀빛이 파릇파릇
담소 나누는 선비는 있으나
그냥 왔다가는 비루한 사람은 없네
소박한 거문고나 타고 금강경도 읽을 수 있는데
귀 시끄러운 음악 소리 없고
몸 고단하게 하는 관청 서류도 없네
남양 제갈량의 오두막이요
서촉 양자운의 정자와 같은데
공자 말씀처럼 무슨 누추함이 있으리오

山不在高 有仙則名

水不在深 有龍則靈

斯是陋室 惟吾德馨

苔痕上階綠 草色入簾靑

談笑有鴻儒 往來無白丁

可以調素琴 閱金經

無絲竹之亂耳 無案牘之勞形

南陽諸葛盧 西蜀子雲亭

孔子云何陋之有

살림살이

중국 당나라 때 정치가이자 시인이었던 유우석劉禹錫 (772~842)이 지은 〈누실명陋室銘〉이란 글입니다. 유우석 은 대대로 명망이 자자했던 유학자 집안에서 태어나 일 찍이 중앙정계에 진출한 분입니다. 순종順宗 때 왕숙문 王叔文·왕비王伾·유종원柳宗元과 함께 조정 혁신과 정치 개혁에 앞장섰던 인물이지요. 이 4인방은 탐학을 자행 하던 권신들을 배척하고 환관들의 군사권을 탈취하였 으며, 백성들의 누적된 세금과 부역을 탕감하고 진상품 을 폐지하는 등 과감한 개혁을 추진하였습니다. 하지만 순종의 양위讓位와 함께 그들의 뜨거운 충정도 봄날의 짧은 꿈으로 돌아가고 말았지요.

헌종憲宗의 즉위와 함께 다시 정권을 장악한 권신과 환관들은 개혁파를 무참히 짓밟았습니다. 유우석 역시 중앙정부의 고관대작에서 하루아침에 낭주사마朗州司馬로 좌천되었고, 오랫동안 변방의 미관말직을 전전해야 했습니다. 〈누실명〉 역시 이 무렵에 쓴 것으로 짐작됩니다. 강직한 선비였던 유우석이 불교에 관심을 갖게 된 것도 아마 이 무렵이었을 겁니다.

사람의 진면목은 큰일을 겪어보아야 비로소 알 수 있습니다. 평소에 태산을 뽑아버리고 온 세상을 주무를 것처럼 기세를 떨치던 사람도 막상 힘겨운 일이 닥치거나 곤란한 상황에 빠지면 사흘 굶은 노파보다 초라한 행색을 보이기 십상이기 때문입니다.

평소 돈을 힘으로 삼았던 사람은 돈이 떨어지면 풀이 죽습니다. 명예나 권력을 힘으로 삼았던 사람 역시 명예와 권력이 실추되면 풀이 죽습니다. 가족이나 친구를 힘으로 삼았던 사람은 그들이 곁에서 떠나면 풀이 죽습니다. 하지만 돈도 갓끈도 몽땅 떨어지고 호남湖南의 변방에 홀로 내팽개쳐진 유우석은 풀이 죽기는커녕 풀 먹인 무명마냥 기상이 빳빳합니다.

"산이 꼭 높아야만 명산인가? 신선이 살면 명산이지.

물이 꼭 깊어야만 신령한가? 용이 살면 신령한 못이지."

남들이 보면 황망한 처지인데도 유우석이 이렇게 당당할 수 있었던 까닭은 무엇이었을까요?

"이곳 비록 누추한 집이지만 나의 덕으로 향기롭기만 하네."

이 한 구절이 그가 평소 무엇을 소중히 여기고, 무엇에 애썼던 사람인가를 대변해줍니다.

예나 지금이나 세상사람 대부분은 '그가 가진 것'으로 '그 사람'을 평가합니다. 그가 사는 집, 그가 타는 차, 그가 졸업한 학교, 그가 가진 재산, 그의 직위와 명예 등이 그 사람의 품격인 것처럼 여깁니다. 타인을 평가할 때도 그렇고, 자신을 평가할 때도 그렇습니다. 소유가 곧 존재라 여기지요. 그래서 많은 사람들이 부와 명예 등을 쟁취하기 위해, 또 쟁취한 이들은 빼앗기지 않기 위해 애를 쓰며 살아갑니다. 그것이 삶의 전부인 것처럼 말입니다.

하지만 한번쯤 돌아보아야 합니다. 삶의 전부인 것처럼 애지중지 움켜쥐고 있는 것들이 과연 영원히 지속될 수 있는 것들인가요? 지금 가지고 있는 것들은 분명 과거 어느 시점엔가는 가지고 있지 않았던 것들입니다.

또한 지금 가지고 있는 것들은 분명 미래 어느 시점엔가는 가지고 있지 않을 것들입니다. 가만히 돌아보면, 우리가 소유한 모든 것들은 삶의 편리를 위해 사용하는 살림살이와 비슷한 것들입니다. 낡으면 벗어야 할 신발, 해지면 갈아입어야 할 옷가지, 깨지면 교체해야 할 그릇과 비슷합니다. 오래 갈 수도 없고, 영원히 소유할 수도 없습니다.

잠시 사용하는 살림살이로 누군가의 삶 전반을 평가한다는 것은 매우 근시안적인 판단입니다. 오늘 낡은 신발을 신고 있는 사람이 내일 얼마든지 새 신발을 신을 수 있기 때문입니다. 또한 수많은 살림살이 가운데 몇 가지만으로 그 사람의 형편을 판단하는 것은 편협한 생각입니다. 소유가 곧 존재라 여기는 것은 이처럼 근시안적이고 편협한 시각입니다. 살림살이는 삶을 위해 필요한 도구이지, 살림살이가 곧 삶 자체인 것은 아닙니다. 물론 살림살이가 풍족하면 삶 역시 풍족할 가능성이 많은 것은 사실입니다. 하지만 생각해보아야 합니다. 고급스러운 그릇과 요리 도구를 많이 가지고 있다고 그의 저녁식탁이 풍족하리란 보장은 없습니다. 그 좋은 그릇과 요리 도구와 음식재료를 산더미처럼 쌓아

두었다 해도 그것을 제대로 사용할 줄 아는 사람이 없다면, 또 그 요리를 맛있게 먹어줄 사람이 없다면, 그가 아무리 풍족한 살림살이를 갖고 있어도 그의 삶은 그다지 풍족하지 못할 것입니다.

물론 무조건 소유하지 말라는 얘기가 아닙니다. 추우면 입을 옷이 있어야 하고, 배고프면 먹을 음식이 있어야 하고, 발이 아프면 신을 신발이 있어야겠지요. 요컨대 그것들이 몽땅 살림살이라는 것입니다. 행복한 삶을 위해 잠시 필요한 것이지, 나의 삶이 그것을 위해 존재하는 것은 아닙니다. 그러니 어떤 살림살이를 장만하고, 얼마나 많이 쌓아둘 것인가를 고민할 것이 아니라 그 살림살이를 얼마나 유용하게 사용하고 있는가를 먼저 생각해보자는 것입니다.

어디 그릇이나 옷이나 신발뿐이겠습니까? 가만히 생각해보면, 부와 명예도, 심지어는 이 육체와 지식마저도 세상에서 잠시 빌려다 쓰는 살림살이일 뿐입니다. 우리가 주목해야 할 부분은 많은 재물과 높은 명예, 많은 지식과 긴 수명이 아니라 아름답고 행복한 삶을 위해 그것들을 얼마나 잘 활용하고 있는가 하는 점입니다. 손맛 듬뿍 담긴 요리에 다정한 친구와 함께한다면, 아마 깨어진 뚝배기에 시래기국밥 한 그릇도 더없이 행복한 저녁상이 될 것입니다.

하지만 생각보다 많은 사람들이 비싼 그릇과 귀한 음식재료가 아니면 맛있는 저녁을 먹을 수 없을 것처럼 생각합니다. 그래서 소유에 집착하고, 소유한 것으로 자신과 타인의 가치를 평가합니다. 하지만 그건 겉치레일 뿐입니다. 겉치레의 경중으로 타인과 자신을 평가하고, 겉치레의 득실로 인생살이의 성패여부를 가름하는 건 어리석은 생각입니다.

유우석은 겉치레 따라 울고 웃는 사람이 아니었습니다. 그가 가진 살림살이가 아니라 살림살이를 사용하는 그 사람에 주목했던 겁니다. 그래서 찾아오는 이 없어 계단에 스멀스멀 이끼가 번지고, 발 틈새로 무르익은 봄볕이나 찾아드는 외딴 시골 누추한 방에서도 이렇게 당당했던 겁니다. 돈의 향기, 지위와 권력의 향기가 아니라 삶의 향기, 사람의 향기를 소중히 여겼기에 독서와 취미로 스스로 덕을 함양하는 시간을 가졌던 것입니다.

모쪼록 사람이 아름답고 향기로워야 합니다. 인도의 불자들이 부처님의 발우를 그토록 소중히 여겼던 까닭은 귀한 목재인 전단향으로 만든 그릇이라서가 아닙니다. 중국의 불자들이 달마대사의 가사를 그토록 소중히 여겼던 까닭도 귀한 비단옷이라서가 아닙니다. 한국의 불자들이 보조국사의 지팡이를 그토록 소중히 여겼던 까닭 역시 황금으로 만든 지팡이라서가 아닙니다. 아름다운 사람의 향기가 배인 물건이었기에 깨진 발우, 누더기 옷, 나무 지팡이도 그토록 소중히 여겼던 것입니다.

이제 우리가 새삼 주목할 것은 겉치레의 품격이 아니라 사람의 품격이 아닐까 싶습니다. 막연히 부와 권력을 부러워하는 사회가 아니라 부와 권력을 잘 사용하는 사람을 존경하는 사회, 마음씨와 말씨와 행동으로 사람을 평가하는 사회, 아름다운 마음씨와 아름다운 말씨와 아름다운 행동거지를 스스로 함양하고 서로 권유하는 사회, 향기로운 사람들이 모여 사는 그런 사회가 행복한 공동체가 아닐까 싶습니다.

"단상이견斷常二見에서 벗어나라!"
2020년 1월 17일 한국공무원불자연합회·청와대불자연합회 합동신년법회에서
"중도의 마음으로 공심을 잃지 말고 나랏일에 최선을 다해달라"고 당부하다.

볼품없는 내게 딱 맞는 볼품없는 이 집
화려함 없고 사치도 없으니 세상 누가 다투랴
부서진 벽에 처마 성글고 지게문마저 틀어졌지만
맑은 바람에 밝은 달빛만큼은 한평생 부자일세

吾庸端合此庸舍 無麗無奢世孰爭
壁破檐疏兼戶缺 淸風明月富平生

모든 인연에
감사합니다

조선 후기 환성지안 스님의 〈이용헌二庸軒〉이란 시입니다. '이용二庸'이란 사람도 집도, 두 가지 모두 볼품없다는 의미입니다. 돈 떨어지면 곤궁하고, 알아주는 사람이 없으면 외롭습니다. 그래서 세상살이에서는 크건 작건 부와 명예를 행복의 척도로 삼고, 곤궁함과 외로움을 불행의 척도로 삼습니다. 그리고 살림살이가 궁핍하거나 외로운 처지가 되면 부끄러워하며 숨기려 들고, 더 이상 숨길 수 없을 때에는 자신의 처지를 비관하며 우울해합니다.

하지만 환성선사의 이 노래에서는 그런 세속적인 볼품의 잣대에 대해 부끄러움이나 우울함, 은닉하려는 시도나 비관의 기색을 도무지 찾아볼 수가 없습니다. 도리어 "나도 볼품없고 집도 볼품없다"며 자신의 가난과 외로움을 당당히 드러내고 있습니다. 사람들이 욕심내기는커녕 그냥 줘도 가지지 않을 초라한 움막에 살면서도 부끄러워하기는커녕 자신에게 딱 맞는 집이라며 여유로움 묻어나는 너스레까지 떨고 있습니다. 이런 당당함은 도대체 어디에서 나오는 것일까요?

만약 그 무엇 때문에 마음이 흔들렸다면 평소 그 무엇에 마음을 두고 있었던 것입니다. 그 반대의 경우도 마찬가지입니다. 만약 무엇 때문에 마음이 흔들리지 않는다면 평소 그 무엇에 마음을 두지 않았던 것입니다. 환성선사는 자신의 가난과 외로움을 부정하지 않았습니다. 하지만 그 가난과 외로움 때문에 서글퍼하거나 괴로워하지도 않습니다. 근대의 고승이신 경허鏡虛선사께서도 〈공귀리에서 벗들에게 화답하다〉는 시에서 이렇게 노래합니다.

원래 영달을 구한 적이 없으니
곤궁할 게 있겠나
元無求達更何窮

환성선사가 가난과 외로움에 이렇듯 초연할 수 있었던 까닭은 아마도 평소 부와 명예에 마음을 두지 않았기 때문일 것입니다.

부처님의 가르침은 세간世間의 영욕榮辱을 벗어나 출세간出世間의 행복을 추구합니다. 정말 부처님의 가르침을 체득했다면 세간의 영욕 따라 일희일비一喜一悲할 리 없습니다. 하지만 부와 명예에 마음을 두지 않는다는 것, 세간의 영욕에 흔들리지 않는다는 것, 그것은 깊은 깨달음과 굳은 절개가 없으면 실로 걷기 어려운 길입니다.

선가禪家에 '담판한擔板漢'이라는 말이 있습니다. 어깨에 판자를 짊어진 사람처럼 한쪽 밖에 보지 못한다는 뜻입니다. 두 눈 멀쩡하게 뜨고 있으니 세상사를 온전히 보고 있다 생각하겠지만 세상에는 두 눈 멀쩡히 뜨고도 판자를 짊어진 사람처럼 한쪽밖에 보지 못하는 경우가 허다합니다.

빛이 있으면 반드시 그림자가 있고, 손등이 있으면 손바닥이 있듯이 세상만사에는 전체와 개별, 같음과 다름, 완성과 파괴 등 상반되는 측면이 동시에 존재합니다. 이를 화엄華嚴의 교학에서는 육상원융六相圓融이라 합니다. 나무를 베지 않고 기둥을 만들 방법은 없습니다. 건물을 짓기 위해 멋진 기둥 하나를 완성했다(成)는 것은 곧 울창한 숲에서 위용을 자랑하던 아름다운 나무 한 그루를 파괴했다(壞)는 것입니다. 또한 그 반대도 성립합니다. 숲에서 나무 한 그루가 사라졌다는 것은 곧 그 나무가 다른 용도의 무엇으로 사용되었다는 뜻입니다. 그러니 하나를 얻었다는 것은 곧 다른 하나를 잃었다는 것이고, 하나를 잃었다는 것은 곧 다른 하나를 얻었다는 의미입니다. 동시에 진행될 수밖에 없는 이 두 측면 가운데 어느 한쪽만 주목해 마냥 기뻐하거나 마냥 슬퍼한다면 판자를 짊어진 사람과 무엇이 다르겠습니까?

환성선사의 삶은 고난의 연속이었습니다. 살아있는 부처님으로 존경받을 만큼 학식과 역량이 탁월했지만 불법佛法의 시운時運이 기운 조선 땅에서 그가 머물 자리는 없었습니다. 명망 있는 사대부들로부터 촌가의 아낙들에 이르기까지 그를 만난 이들은 하나같이 그의 인품과 자질에 감동하여 고개를 숙였지만 결국 그는 역모의 누명을 쓰고 남녘의 외딴섬에서 쓸쓸히 세연을 다했습니다. 그는 실로 지독한 불운아不運兒였습니다.

하지만 환성선사는 그 불운을 탓하지 않았습니다. 도리어 벽이 무너지고 문짝이 틀어진 덕분에 시원한 바람이 술술 잘도 들고, 무너진 처마 덕분에 달빛을 맘껏 즐겼으니 세상에 나만한 부자가 또 어디 있겠느냐며 자랑이 늘어졌습니다. 이 자랑은 허세도 역설도 아닙니다. 어깨에 걸머진 판자를 던져버리고 세간의 길을 벗어나 출세간의 길을 성큼성큼 걸어간 사람이었기에 이렇게 노래할 수 있었던 것입니다.

일이 바라는 대로 되지 않을 때, 많은 사람들이 분노하고 슬퍼하고 좌절합니다. 그런 사람들에게 왜 그렇게 분노하고 슬퍼하고 좌절하느냐고 물으면 '일이 뜻대로 되지 않은 탓'이라고들 합니다. 그렇다면 일이 뜻대로 되지 않으면 반드시 분노하고 슬퍼해야 하는 걸까요?

생각을 한번 바꾸어봅시다! 그렇게 화를 내고 있는 내가 한쪽 측면만 보는 '담판한'이기 때문은 아닐까요? 혹 '일이 뜻대로 되지 않은 덕분'에 얻을 수 있는 행복들을 나 스스로 외면하고 있는 것은 아닐까요? 혹 나에게 닥친 불행의 씨앗은 보지 못한 채 남 탓을 하고 잘못을 인정하지 않고 있는 것은 아닐까요?

《보왕삼매론寶王三昧論》에서도 이와 같이 말씀하셨습니다.

> 공부하는 데 마음에 장애 없기를 바라지 말라.
> 마음에 장애가 없으면
> 배우는 것이 넘치게 되나니
> 그래서 성인께서 말씀하시길
> "장애 속에서 해탈을 얻으라" 하셨느니라.

보조국사普照國師 지눌知訥 스님께서도 "땅에서 넘어진 자 땅을 딛고 일어서라"고 하셨습니다. '탓'을 하면 괴롭고 '덕분'이라 여기면 만사가 감지덕지입니다. '탓'을 하면 과거에 주저앉아 회한과 분노 속에서 긴 시간을 보내야 하지만 '덕분'이라 여긴다면 그 과거가 새로운 미래를 위한 소중한 계기가 됩니다. 환성선사처럼 지혜롭다면 분명 만사를 '덕분'이라 여길 것입니다.

우리의 일상을 살펴보면 덕분이라 여길만한 일들을 언제나 어디서나 찾을 수 있습니다. 하루 24시간, 1년 365일 동안 새벽녘 청소를 하시는 환경미화원, 교통정리를 하시는 교통경찰, 지하철을 운행하시는 기관사 등

우리의 일상이 윤택하도록 도움을 주는 분들로 가득합니다. 늘 말없이 자신의 본분에 충실한 그분들의 도움과 보살핌 속에서 살아가고 있으니, 그분들이 어찌 이 시대의 '덕분보살'이 아니겠습니까?

덕분임을 알면 감사하게 되고, 감사한 마음을 품게 되면 소중히 여기게 됩니다. 서로가 서로를 소중히 여기는 사회를 이루려면 먼저 덕분에 살아가는 세상임을 자각해야 할 것입니다. 그리고 한 발 더 나아가 나도 누군가에게 말없이 실천하는 덕분보살이 된다면 이 세상은 어느 때보다 평온하고 안락해질 것입니다.

밥 이야기한다고
배 부르는 것 아니고
그림의 떡으로는
허기를 채울 수 없다

舌食不當飽
畵餠不充飢

가까이에서
실천합시다

고려 후기의 고승 진각국사眞覺國師 혜심慧諶 스님께서
편찬한 《선문염송禪門拈頌》에 소개되어 있는 운대정雲
臺靜선사의 말씀입니다.

예나 지금이나 좋은 말씀들이 넘쳐납니다. 정보화시
대를 살아가는 현대인들은 꼭 훌륭한 스승이나 성인을
만나지 않더라도 인터넷과 SNS 통신망을 통해 홍수처
럼 쏟아지는 유익한 지식과 정보들을 쉽게 접할 수 있
습니다. 게다가 그런 지식과 정보들은 엉터리가 아니라
세월이 가면 갈수록 더욱 정밀하고 정확해지는 경향까
지 보이고 있습니다.

하지만 이런 편리한 시대를 살고 있음에도 불구하

2018년 11월 16일 이웃종교화합대회에 참석한 종교지도자들이 경주 토함산 석굴암을 참배한 가운데 천주교 김희중 대주교와 함께하다.

고 삶의 고비마다 길을 잃고 헤매는 이들의 숫자는 좀처럼 줄어들지 않습니다. 오히려 더 늘어나고 있습니다. 절망 속에 헤매는 이들은 좌절과 고통의 수렁에 빠져 괴롭다고 아우성치면서 하나같이 이렇게 말합니다.

"무슨 뾰족한 수가 없을까요?"

"왜 이렇게 힘들까요?"

"왜 이 지경이 되었는지 모르겠어요!"

삶의 곤란한 문제들을 해결하는 지혜와 방법을 동양에서는 도道라 칭했습니다. 그러니 그 '뾰족한 수'는 곧 '도'라는 말로 바꾸어도 무리가 아닐 것입니다.

《중용中庸》제13장에 이런 공자님 말씀이 나옵니다.

> 도道란 본성을 따르는 것일 뿐이니, 진실로 누구나 알 수 있고 누구나 실천할 수 있는 것이다. 따라서 항상 사람에게서 멀리 있지 않다. 만약 도를 실천하려는 사람이 '너무 쉽고 간단한 것 아냐?' 하며 실천하기에 부족하다 여기고는 도리어 고상하고 멀어 실천하기 어려운 일에 힘쓴다면 그건 도를 실천하는 방법이 아니다.

누가 담배를 끊는 방법을 묻는다면, 저는 이렇게 대답하겠습니다.

"피우지 않으면 됩니다."

그러면 아마 어이없다는 웃음을 보이며 이렇게 말하겠지요.

"그걸 누가 모릅니까? 그게 안 되니까 묻는 거지요. 다른 기막힌 방법은 없습니까?"

만약 담배를 끊을 기막힌 방법을 담배를 열심히 피우면서 연구하는 사람이 있다면, 이처럼 어리석은 짓은 없습니다.

삶에서 봉착하는 수많은 문제들에 대한 해결책은 과연 어디에 있을까요? 어쩌면 우리는 그 해답을 이미 알고 있는지도 모릅니다. 다만 이미 알고 있는 것보다 더 기막힌 방법, 더 쉽고 더 빠르고 더 완벽한 해결책을 찾느라 이미 알고 있는 좋은 방법을 내팽개치고 있는지도 모를 일입니다. 그래서 옛말에 "도가 사람을 멀리하는 것이 아니라 사람이 스스로 도를 멀리한다"고 했나 봅니다.

종교宗敎 역시 마찬가지입니다. 우리의 삶을 행복과 평안으로 이끌 성현들의 말씀은 이미 도처에 즐비하고 넘쳐 납니다. 고통의 바다를 건너 열반의 언덕으로 이끌 부처님의 가르침 역시 천하에 가득합니다. 성현들의 말씀이 부족해 이 세상이 혼탁하고 사람들이 고뇌에 헐떡이는 것은 아닙니다.

명나라 때 일원종본一元宗本 스님께서 편찬한 《귀원직지집歸元直指集》에 이런 이야기가 나옵니다.

어떤 나그네가 절을 하면서 물었습니다.

"유교·불교·도교 세 종교의 지극한 도를 모두 말씀해주실 수 있겠습니까?"

그러자 일여 스님이 이렇게 말씀하셨습니다.

"당신이 듣고 싶다면 얼마든지 말해줄 수 있습니다. 다만 실천하지 못할까 걱정이군요. 만약 당신이 듣고 굳건히 실천해간다면 공자님도 될 수 있고, 노자님도 될 수고 있고, 또 부처님도 될 수 있습니다. 하지만 듣고도 믿지 않고, 믿더라도 실천하지 않는다면 허기를 채울 수 없는 그림의 떡과 같습니다."

당나라의 대표적 문장가로 손꼽히는 백거이白居易는 조과도림鳥窠道林선사를 찾아가 불법의 대의大義가 무엇이냐고 물었습니다.

그러자 조과선사께서 이렇게 말씀하셨습니다.

"나쁜 짓은 절대 하지 말고, 부지런히 착한 일을 하세요."

천하제일 지식인을 자처하던 백거이는 어이가 없어 헛웃음을 터트리며 말했습니다.

"그런 말씀은 세 살짜리 어린아이도 압니다."

그러자 조과선사께서 진지하게 말씀하셨습니다.

"세 살짜리 어린아이도 그렇게 말은 할 수는 있지만, 여든 먹은 노인도 그렇게 실천하기는 힘듭니다."

이 말씀에 백거이가 어수룩한 노인인 조과선사께 엎드려 절을 올렸다고 전합니다.

'그렇게' 말하기는 쉽지만, '그렇게' 실천하기는 어렵습니다. 말이 진리가 되려면 반드시 사람을 통해 살아나야만 합니다. 아무리 고상하고 아무리 치밀하다고 해도 말은 말일 뿐입니다. 아는 만큼 실천하는 것이 진리이지, 실천하지 않는 진리는 아무 소용이 없습니다.

부처님이 세상에 계실 때, 쭐라빤타까라는 제자가 있었습니다. 그는 4구의 게송 하나 외우지 못하는 바보

였습니다. 동료들은 아둔하고 미련하다며 그를 비웃었고, 그의 친형조차 승가의 수치라며 집으로 돌아가라고 내쳤습니다. 쫓겨나 승원 앞에서 울고 있던 쭐라빤타까의 손을 잡아준 이는 부처님이셨습니다. 자초지종을 들은 부처님은 그를 당신의 방으로 데려와 천을 하나 들어 보이며 말씀하셨습니다.

"이 천이 깨끗한가, 더러운가?"

"깨끗합니다."

"내 발이 깨끗한가, 더러운가?"

"더럽습니다."

부처님이 천으로 발을 닦고 다시 물으셨습니다.

"내 발이 깨끗한가, 더러운가?"

"깨끗합니다."

"발을 닦은 이 천은 깨끗한가, 더러운가?"

"더럽습니다."

"이걸 깨끗하게 하려면 어떻게 해야 할까?"

"맑은 물에 때가 빠질 때까지 문지르고 햇볕에 말리면 됩니다."

부처님이 부드러운 미소를 보이며 그에게 그 천을 내미셨습니다.

"쭐라빤타까, 더러운 때를 없애라."

아무리 미련해도 그 말씀은 충분히 이해하고 외울 수 있었습니다. 그날 이후 그는 그 천으로 승원을 구석구석 청소했습니다. 그가 지나가는 곳은 먼지 하나 없이 깨끗해졌고 걸레가 낡아갈수록 그의 마음은 거울처럼 깨끗해졌습니다. 그는 결국 걸레 한 장으로 거룩한 성자가 되었습니다.

갖가지 문제들을 해결할 뾰족한 수, 기가 막힌 방법은 과연 무엇일까요? 우리는 이미 알고 있습니다. 다만 실천하길 주저할 뿐입니다.

삶의 고통은 대부분 인간관계의 파국에서 발생합니다. 그리고 사람의 관계는 누군가에게 피해, 즉 상처를 주었을 때 쉽게 틀어집니다. 이를 역으로 추론하면 행복한 삶의 비결은 너무도 간단합니다. 좋은 인간관계를 회복하면 삶은 더욱 행복해집니다. 누군가의 가슴에 깊은 상처를 남겼을 때, 그와의 관계를 회복할 방법은 무엇일까요? 그 첫걸음은 진심 어린 사과입니다. 먼저 다가가 먼저 머리를 숙이고 먼저 손을 내밀면 아무리 화가 났던 사람도 어지간한 일에 대해서는 응어리진 마음이 누그러듭니다. 이 방법을 모르는 사람은 없습니다. 알면서도 선뜻 그렇게 하지 않을 뿐입니다. 작은 것, 가까운 것에서부터 먼저 실천합시다.

2019년 10월 7일 취임 1주년 기념 종로노인종합복지관 짜장 나눔 공양.
총무부장 금곡, 기획실장 삼혜, 문화부장 오심, 사회부장 덕조, 호법부장 성효, 사업부장 주혜,
사회복지재단 상임이사 보인, 아름다운동행 상임이사 자공, 불교문화재연구소장 제정,
불교중앙박물관장 탄문, 종로노인종합복지관장 정관 스님과 함께
밑반찬과 떡·과일, 음료수를 어르신들에게 공양 올리다.

2018년 11월 16일 서라벌 원석체육관에서 열린 이웃종교화합대회에
7대종교 지도자들과 동참하다.

"화이팅 종무원!"
2018년 11월 22일 종무원조합 탁구대회에
사서실장 송하 스님과 복식을 이루어 참가하다.

(위) 2019년 부처님오신날 제등행렬에서 원로의장 세민 스님과 함께하다.
(오른쪽) 2020년 4월 30일 광화문 봉축 점등식에서 코로나19를 슬기롭게 극복하고
부처님의 자비나눔을 온 세상에 전하자며 점등식 기념사를 하다.

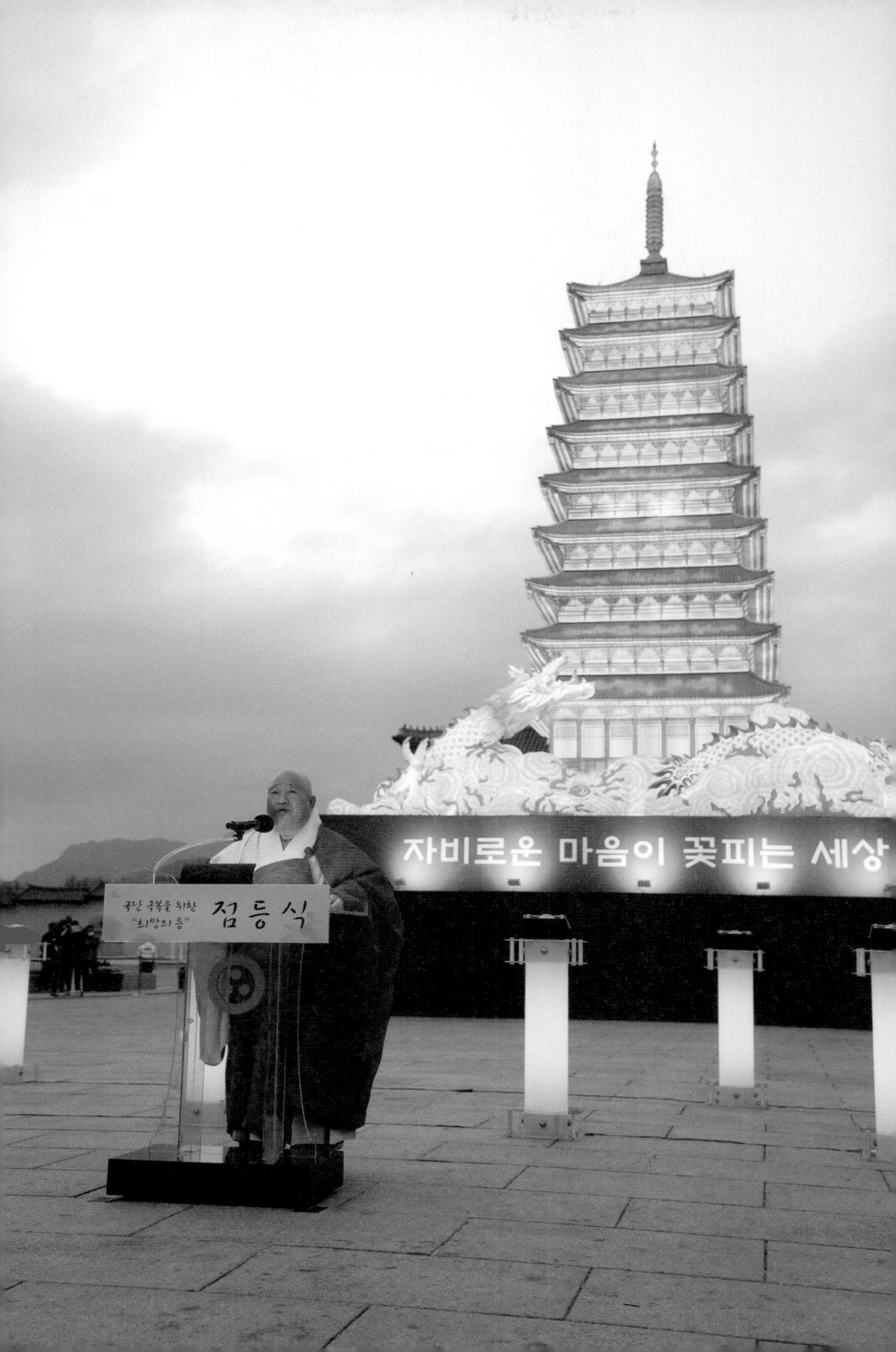
국난 극복을 위한
"희망의 등"
점등식
자비로운 마음이 꽃피는 세상

2월 12~13일 금강산에서 열린 남북공동선언 이행을 위한
'2019 금강산 새해맞이 연대모임'에 각 종교 지도자들이 동참하다.
북한 조선불교도연맹 강수린 위원장, 차금철 서기장,
오도철 원불교 교정원장 등과 함께 기념촬영을 하다.

2019년 2월 12~13일 '금강산 새해맞이 연대모임'에 동참한
중앙종회의장 범해 스님, 송광사 주지 진화 스님,
조선불교도연맹 강수린 위원장과 함께
금강산 신계사 참배 후 템플스테이 터를 살펴보다.

2019년 2월 22일 조계총림 방장 범일당 보성대종사 영결식에서 추도사를 하다.

2019년 4월 25일 총무원장 스님을 예방한 조계사 동자승.

2019년 10월 21일 문재인 대통령의 청와대 초청 종교지도자 오찬에
이홍정 한국기독교교회협의회 총무, 김성복 한국교회총연합 공동대표,
김희중 한국천주교주교회의 의장, 오도철 원불교 교정원장, 김영근 성균관장,
송범두 천도교 교령 등 7대 종교 지도자와 함께하다.

2019년 8월 19일~24일까지 독일 린다우에서 열린 제10차 세계종교인평화회의 총회.
천주교 김희중 대주교, 원불교 오도철 교정원장 등과 함께 한국 대표단으로 참여해
종교간 공존과 상생을 위한 교류를 논의하다.

2019년 11월 17일 파키스탄 탁실라 박물관에서
전국비구니회장 본각 스님과 함께 기념촬영을 하다.

2019년 11월 22일 탁트히바리 사원을 순례하다.

2019년 11월 18일 락카포쉬 포인트에서
중앙종회의장 범해, 전국비구니회장 본각, 조계사 주지 지현, 문화부장 오심 스님 등과 함께하다.

2019년 11월 21일 쥴리안 유적지 순례 중
중앙종회의장 범해, 전국비구니회장 본각, 문화부장 오심, 조계사 주지 지현,
봉은사 주지 원명 스님 등과 함께하다.

2020년 1월 2일 백만원력결집으로 희망을 열어갈 것을 발원하는
시무식 후 기념촬영을 하다.

2020년 1월 4일 회주 자승 스님 등 아홉 스님들의 천막결사가 봉행되고 있는
상월선원 법당에서 법문을 하다.

"이웃의 행복이 최상의 가치!"
2020년 1월 16일 종단협 신년하례식에서
영부인 김정숙 여사와 함께 등공양을 올리다.

2020년 1월 17일 공불련·청불회 연합법회를
봉행한 뒤 기념촬영을 하다.

2019년 4월 17일 백만원력결집 선포식을 봉행하다.

2018년 10월 18일 베트남 관음사 틱훼빈 스님이 선물 공양을 올리다.

"37년 도반, 50억원 쾌척!"
조계종 백년대계본부 백만원력결집위원회가 2019년 12월 2일 발우저금통을 열던 날,
37년 도반으로서 인연을 맺어온 연취·설매 두 불자님이 50억원을 쾌척했다.
인도 보드가야에 한국사찰 분황사를 건립하는데 써달라며 보시의 뜻을 밝혔다.

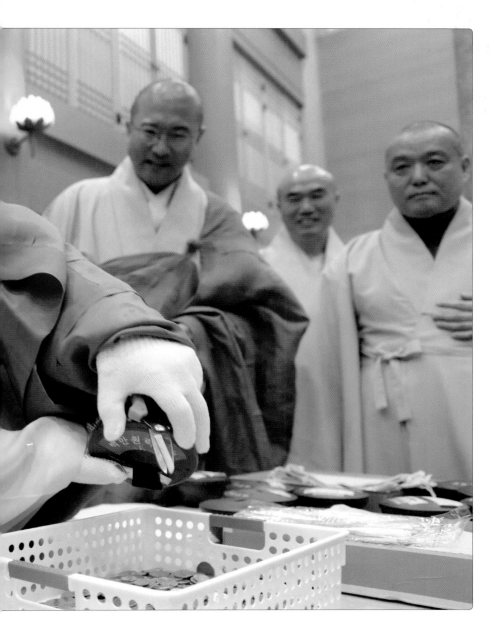

2019년 12월 2일 전국의 불자들이 정성스레 보시한 발우저금통을 열다.

發願文 — 발원문

온 생명 온 우주에 깃들어 계신 부처님이시여!

당신의 위없는 가르침으로 고통이 있는 곳에 희망의 씨앗을 뿌리고 공덕의 열매를 가꾸어 함께 평화로운 삶을 누리기를 엎드려 발원합니다.

부처님께서는 한 사람 한 사람에게 깃들어 있는 불성이 사바세계를 불국토로 장엄하고 일체 고통을 치유하는 희망의 씨앗이라고 설파하셨습니다.

오늘 백만 명의 원력보살들이 함께하는 결사를 발원하고 실천해나가는 것도 이와 같은 부처님의 자비로운 가르침을 실천하는 서원의 꽃을 활짝 피우는 길이라 믿습니다.

서원의 꽃은 대한민국에 깃들어 있는 일체의 절망을 희망으로 바꿀 것이며 더욱 많은 이들이 행복할 수 있는 마중물이 될 것입니다. 그 꽃은 세계로 퍼져 나가 세계일화를 피워낼 것입니다.

한국불교를 바라보는 많은 이들이 위기만을 말하곤 합니다. 실제로 우리 사회의 불교는 고령화와 탈종교화, 세속화라는 무거운 시대적 도전에 직면해 있습니다. 그럼에도 이 땅의 불자들이 주체적이고 능동적으로 결집하여 부처님의 가르침을 용감하게 실천한다면 그 어떤 위기와 어려움도 능히 극복할 수 있을 것입니다.

백만 명의 원력보살들이 함께 하는 결사는 부정하는 곳에 긍정을 설파하여 희망의 씨앗을 나눌 것입니다.

중생은 업력으로 고해를 살아가고 불보살은 원력과 실천으로써 바로 지금 여기에 불국토를 구현해낸다고 설하셨습니다. 불보살은 그 어떠한 어려움에도 결코 물러서지 않는 서원과 실천으로써, 자신과 타인, 우리와 사회를 부처님께서 상주하는 불국토로 완성시켜 나가는 존재입니다.

대한민국의 천만 불자들은 지금의 어려움과 고통을 능히 극복하여 다가올 미래를 희망과 행복으로 장엄할 것입니다.

우리 스스로가 대승원력보살이 되어 나 자신이 부처님의 가르침이 되고, 나 자신이 희망이 되어 길을 열어 앞으로 나아갑시다.

한 방울의 물이 모여 강을 이루고 마침내 큰 바다가 되듯이, 우리 불자들 한 명 한 명의 원력이 백만 명으로 결집되어 어떤 어려움도 능히 극복하고 불일佛日을 온 세상에 빛나게 합시다.

우리들의 후손들에게 떳떳하고 당당한 나라를 물려주어 인류평화에 지대한 역할을 할 수 있는 정토세상을 일구어 나갑시다. 그것이 바로 백만원력 결사에 동참하는 불자들의 시대적 사명입니다. 함께 나아갑시다.

지은이 원행圓行 스님

벽산원행碧山圓行 스님은 '소통과 화합 그리고 혁신으로 미래 불교를 열 겠다'는 발원으로 2018년 11월 13일 대한불교조계종 제36대 총무원장에 취임하였다. 소통과 화합 그리고 혁신을 첫 번째 소임으로 정하고, 끊임없이 노력하고 정진해온 결과 종단이 크게 안정되었다는 평가를 받고 있다. 또한 미래불교를 열어갈 근간으로 백만원력결집百萬願力結集 불사를 발원하고 쉼 없이 정진하여 괄목할 만한 성과를 내고 있다.

태공월주 대종사를 은사로 1973년 모악산 금산사에서 출가했다. 속리산 법주사에서 행자 생활을 마치고 혜정 스님을 계사로 1973년 사미계를 수지했다. 자운 스님을 계사로 1985년 비구계를 수지했다.

"공부하러 산에 갔다가 성불하기를 작정하고 출가를 결행하게 됐다"는 스님은 법주사 승가대학에서 수학했으며, 만기 제대 후 출가원력을 다지기 위해 금산사 미륵전에서 천일기도를 성만하였다. "부처님 경전을 먼저 공부하고 선원으로 가라"는 은사스님의 뜻을 받들어 해인사승가대학을, 1987년 중앙승가대학교를 졸업하고, 동국대학교 교육대학원, 불교대학원을 각각 수료했다. 세상과의 원만한 교류확대와 행정에 관한 전문가적 소양을 갖추기 위해 2009년 한양대 행정대학원에서 석사를 2013년 동 대학원에서 행정학 박사학위를 취득했다. 2019년에는 중앙승가대학교에서 명예교수에 위촉되었고, 명예박사 학위를 받았다.

1984년 영추사 주지를 시작으로 금산사 기획국장, 총무국장, 부주지, 전북불교회관 원감, 전북사암승가회 회장, 안국사와 금산사 주지, 본사주지협의회장 등 주요 종무직을 역임하였고, 현재 안국사, 금당사 회주로서 가람수호와 포교 불사에 헌신하고 있다.

2005년부터 두 차례 금산사 본사 주지 소임을 맡으면서 화림선원을 복원하고, 템플스테이 체험관, 박물관 수장고, 미륵전 벽화수장고, 개화문, 뇌묵당 처영대사 역사문화기념관 등 주요 전각들의 건축불사를 회향하

였다. 특히 2013년 금산사 미륵전 국보 62호인 삼존불상의 개금 및 보수 불사를 회향함으로써 미륵신앙을 대표하는 도량인 금산사의 면모를 일신했다.

1994년 종단의 개혁불사에 참여한 이후 제11·12·13·16대 중앙종회의원으로서 종헌종법의 합리적인 개정을 위한 입법 활동에 매진했으며 중앙종회 사무처장과 호계원 사무처장을 역임하며 종단 위계 질서 확립에도 기여했다. 특히, 제16대 중앙종회의장으로 선출된 후 종단의 화합과 안정, 총무원과의 협치協治와 소통疏通을 위해 노력했다.

승가전문교육기관인 중앙승가대 총장 및 11대 12대 총동문회장, 해인사 승가대학 총동문회 부회장, 승가학원 이사 및 감사, 종립학교 관리위원을 역임하는 등 균형과 화합의 역량을 발휘하면서 승가교육의 발전을 위한 불사에도 헌신했다. 특히, 중앙승가대 총장 재직 시 문화재학과 박사과정을 신설하고 수장고를 건립하였으며, 복지법인 승가원 이사장으로서 승가원 행복마을을 착공하는 등 교육과 복지를 통한 승가대 위상 강화에 크게 기여하였다.

중생구제를 위한 대사회 활동에도 진력해왔다. 지구촌공생회와 나눔의집 상임이사, 복지법인 승가원 이사 및 이사장, 대통령직속 사회통합위원회 위원, 국제평화인권센터 대표, 종단의 공익법인인 아름다운 동행 이사장 등을 맡아 소외되고 고통받는 약자들의 목소리에 귀를 기울이며 매순간 사회 통합에 기여했다. 평화통일불교추진협의회 전북본부 회장 및 남북우리민족서로돕기 이사로서 평양을 세 번 방문하는 등 남북교류와 화해를 위한 활동도 지속해왔다.

현재는 한국불교를 대표하는 한국불교종단협의회 회장 및 한국종교를 대표하는 한국종교지도자협의회 대표의장, 한국종교인평화회의 대표회장을 수행하며 한국종교의 화합과 위상을 높이는데 힘쓰고 있다.